编写委员会

主　编　王　琪

副主编　张　振　董惠婕

编　者　许刘英　江春华　王荧婷　吴雨莲　徐　旦

　　　　祁义霞　黄小灵　章美伦　宋自腾　陈引芳

　　　　周　稳　李祝峰　郦凯锋　刘硕硕

NINGBO VOCATIONAL EDUCATION QUALITY
ANNUAL REPORT

宁波市职业教育质量年度报告
（2023）

王　琪◎主编

ZHEJIANG UNIVERSITY PRESS
浙江大学出版社
·杭州·

图书在版编目（CIP）数据

宁波市职业教育质量年度报告.2023 / 王琪主编.
杭州：浙江大学出版社，2025.6. -- ISBN 978-7-308
-26380-1

Ⅰ.G719.2

中国国家版本馆CIP数据核字第20254WM962号

宁波市职业教育质量年度报告(2023)

王　琪　主编

策划编辑	吴伟伟	
责任编辑	金　璐	
责任校对	葛　超	
封面设计	雷建军	
出版发行	浙江大学出版社	
	（杭州市天目山路148号　邮政编码310007）	
	（https://www.zjupress.com）	
排　　版	杭州晨特广告有限公司	
印　　刷	杭州高腾印务有限公司	
开　　本	710mm×1000mm　1/16	
印　　张	11.5	
字　　数	124千	
版 印 次	2025年6月第1版　2025年6月第1次印刷	
书　　号	ISBN 978-7-308-26380-1	
定　　价	78.00元	

前　言

　　2023年是全面贯彻党的二十大精神的开局之年。为落实国家和浙江省加快推进职业教育现代化的新要求，宁波市人民政府办公厅印发了《关于加快推进宁波现代职业教育体系建设改革的实施意见》（甬政办发〔2023〕46号），为宁波职业教育高质量发展指明了奋斗目标和前进方向。

　　2023年，宁波市职业教育以立德树人为根本任务，不断深化办学体制机制和育人模式改革，提升育人质量和服务水平，打造全国一流的现代职业教育强市。本书以宁波市高等职业学校、中等职业学校2023年度教育质量报告为主要依据，结合全国高职和中职学校管理信息系统数据，形成《宁波市职业教育质量年度报告（2023）》。本书包含人才培养、服务贡献、文化传承、国际合作、产教融合、发展保障以及面临的挑战等内容，呈现了宁波职业教育在服务人的全面发展、服务经济社会发展和服务国家发展战略等多方面取得的成绩。

　　2023年，宁波连续第11年面向社会公开发布《宁波市职业教育质量年度报告》。本书秉持客观、公正、全面的原则，对宁波市职业教育总体情况与发展特色进行系统梳理与总结，对宁波市推进职业教育改革发展的政策措施、经验做法以及取得的成就进行直观呈现，记录宁波职业教育改革发展历程，以期为社会各界了解宁波职业教育发展状况提供参考。

目录
Contents

上篇

宁波市高等职业教育质量年度报告（2023）

01 发展概况 3

　　1.1 规模结构 6

　　1.2 办学条件 7

02 人才培养 9

　　2.1 立德树人 11

　　2.2 三教改革 13

　　2.3 就业创业 17

　　2.4 技能竞赛 19

　　2.5 长学制培养 21

03 服务贡献 23

　　3.1 服务行业企业 25

　　3.2 服务乡村振兴 27

　　3.3 服务社会民生 29

04 文化传承 33

4.1 弘扬与锤炼工匠精神 35

4.2 保护与传承非物质文化遗产 36

4.3 创新培育校地文化 39

05 国际合作 43

5.1 合作办学 45

5.2 标准"出海" 48

5.3 产能合作 50

5.4 交流互鉴 51

06 产教融合 55

6.1 产教融合平台 57

6.2 产教融合项目 60

6.3 校企协同育人 63

07 发展保障 67

7.1 党建引领 69

7.2 政策保障 71

7.3 质量保障 73

7.4 资源保障 75

08 挑战与应对 77

8.1 新质生产力加速发展背景下创新产教融合机

制面临的挑战与对策 79

8.2 区域经济社会发展背景下高层次人才培养面临的挑战与对策 80

8.3 数字化转型背景下宁波职业教育教学改革面临的挑战与对策 81

8.4 高水平对外开放背景下提升职业教育国际影响力面临的挑战与对策 83

下篇

宁波市中等职业教育质量年度报告（2023）

09 人才培养 87

9.1 立德树人 89

9.2 专业建设 94

9.3 技术技能 98

9.4 就业升学 103

10 服务贡献 109

10.1 服务行业企业 111

10.2 服务乡村振兴 116

10.3 服务市民学习 122

10.4 服务协同发展 123

11 文化传承 127

11.1 校园文化建设 129

11.2 传统文化教育 133

11.3 地方文化传承 136

12 境外合作 139

12.1 国际合作交流 141

12.2 服务"一带一路" 146

12.3 港澳合作交流 148

13 产教融合 151

13.1 项目共建 153

13.2 人才共育 156

13.3 师资共培 161

14 发展保障 165

14.1 经费投入 167

14.2 师资保障 168

14.3 政策落实 169

15 面临的挑战 171

15.1 中职教育吸引力有待进一步增强 173

15.2 一体化人才培养有待进一步推进 173

15.3 职业培训的效能有待进一步提升 174

上 篇

宁波市高等职业教育质量年度报告（2023）

01

发展概况

2023年,宁波市高职教育战线坚持以习近平新时代中国特色社会主义思想为指导,贯彻落实党的二十大精神,牢固树立产教融合发展理念,将高职教育高质量发展作为提升城市经济发展动力、提高普惠性公共服务水平、助推共同富裕的重大任务,在综合改革中立标杆、树旗帜,扎实推进职普融通、产教融合、科教融汇,加快构建与现代化滨海大都市地位相适应的现代职业教育体系,着力打造全国一流的现代职业教育强市,为宁波市"争创市域样板、打造一流城市、跻身第一方阵"提供高素质技术技能人才支撑。

这一年,宁波市紧密围绕共同富裕示范区建设需求,宁波市人民政府办公厅起草印发了《关于加快推进宁波现代职业教育体系建设改革的实施意见》(甬政办发〔2023〕46号),深入推进与区域战略更加匹配的现代职业教育体系建设。按照"适度规模、优化结构、服务地方、彰显特色"的工作思路,宁波职业教育积极推动长学制办学模式,力争在"十四五"时期末,现代职业教育体系中的长学制人才培养模式更加成熟,办学规模布局更加优化合理,教学标准体系更加完善。

这一年,宁波市不断加强体系建设、狠抓任务落实、谋划改革创新,职业教育改革取得阶段性突破。浙江纺织服装职业技术学院、宁波职业技术学院分别获得国家级职业教育教学成果奖一等奖1项、二等奖2项。在第十三届"挑战杯"中国大学生创业计划竞赛中,宁波职业技术学院团体总分、金奖数(3项)位列全国高职院校第一,浙江纺织服装职业技术学院首次获得全国金奖,实现历史性突破。

1.1 规模结构

2023年,宁波市共有独立设置的高职院校7所,其中专科层次高职院校6所,本科层次高职院校1所;入选国家"双高计划"建设院校的有1所,入选浙江省高水平职业院校和专业(群)建设院校的有6所。

根据学校举办者类型,省属高职院校有2所,市属高职院校有5所。根据学校性质类别,综合院校有2所,医药卫生院校有2所,师范院校有1所,工商院校有1所,纺织院校有1所。

2023年,宁波市高职院校共设置专业点数230个,其中,专科层次专业点数为187个,本科层次专业点数为43个。全日制专科在校生数为59529人,较上年增加861人,增幅为1.47%;全日制本科在校生数为11015人,较上年增加1187人,增幅为12.08%。全市高职院校专任教师数为3314人,较上年增加170人,增幅为5.41%。

2023年,专任教师队伍中具有高级职称的教师有1511人,占比为45.59%;具有"双师"素质的教师有2535人,占比为76.50%。较2022年,高级职称专任教师数增加80人,增幅为2.5%;"双师"素质专任教师数增加179人,增幅为5.69%。上述数据反映了专任教师队伍结构持续优化。

1.2 办学条件

与2022年相比,宁波市高职院校2023年基本办学条件有所提升,具有高级职称的教师占专任教师的比例、生均校内实践教学工位数、生均教学科学仪器设备值、年生均财政拨款水平、企业提供的校内实践教学设备值、年实习专项经费等相关指标均有不同程度的提升。其中,具有高级职称的教师占专任教师的比例为35.90%,增幅为1.64%;生均校内实践教学工位数为1.39个,增长了46.32%;生均教学科学仪器设备价值为18733.20元,增长了5.08%;年生均财政拨款水平为16312.62元,增长了9.06%;企业提供的校内实践教学设备价值为965.54万元,增长了10.67%;年实习专项经费为97.2万元,增长了28.84%。随着高职在校生规模不断扩大,2023年的生师比、年财政专项拨款等指标较2022年略有下降(见表1.1)。

表1.1 宁波市高职院校办学条件指标值

序号	指标	2022年	2023年	增量
基本办学条件指标				
1	生师比	17.34	16.81	−0.53
2	生均校内实践教学工位数（个/生）	0.95	1.39	0.44
3	生均教学科学仪器设备价值（元/生）	17827.88	18733.20	905.32
4	年生均财政拨款水平（元/生）	14958.15	16312.62	1354.47

续表

序号	指标	2022年	2023年	增量
		监测办学条件指标		
5	具有高级职称的教师占专任教师的比例（%）	35.32	35.90	0.58个百分点
6	企业提供的校内实践教学设备价值（万元）	872.44	965.54	93.10
7	年实习专项经费（万元）	75.44	97.20	21.76
8	年财政专项拨款（万元）	7959.73	7873.14	−86.59

02

人才培养

2.1 立德树人

优化三全育人格局。宁波市高职院校牢牢把握立德树人根本任务,落实全员全过程全方位育人,全面统筹各领域、各环节、各方面的育人资源和育人力量,努力培养堪当民族复兴大任的时代新人。宁波职业技术学院和宁波卫生职业技术学院两所院校被评为浙江省职业教育"三全育人"典型学校。宁波幼儿师范高等专科学校优化评价机制,把"三全育人"综合改革试点工作纳入学校中心工作,把育人成效纳入教职工考核评价范围,作为评奖评优条件,有力调动了教职工的主动性、积极性。

课程思政双向融合提升。按照《宁波市教育系统培育和践行社会主义核心价值观落细落小落实实施意见》部署,加强社会主义核心价值观培育,推进大中小学思政课一体化建设,打造课堂教学与实践教学有机融合的思政教学模式,充分挖掘、发挥专业课所蕴含的思想引领、政治引领、价值引领、道德教育的功能,引导学生坚定中国特色社会主义道路自信、理论自信、制度自信、文化自信。2023年,宁波市高职院校思想政治课教学满意度达95.02%。宁波卫生职业技术学院牵头成立大中小学思政课一体化共同体,全面优化思政课程建设,建成的慕课思政平台被全国25所学校选用,学校获批宁波市职教思政创新研究基地。

五育并举提升育人质量。宁波市高职院校坚持五育并举,深化融合育人,着力构建德智体美劳全面发展的育人体系。挖掘劳动教育新内涵,统筹勤工俭学、实习实训、社会实践、志愿服务等环节,系统开展劳动教育;深化体育教学改革,逐步完善"健康知识＋基本运动技能＋专项运动技能"的学校体育教学模式;整合校内外美育教育资源,推进课程教学、社会实践和校园文化建设深度融合。宁波职业技术学院将劳动教育纳入专业人才培养方案,形成"匠心培育课程化、桌椅摆放标准化、校园卫生网格化、劳动竞赛常态化、卫生习惯自觉化"的"五化"劳动教育体系。浙江纺织服装职业技术学院牵头成立全国美育职业教育集团,启动职业教育美育教学资源库建设,构建以"基础类""赏析类""特色类"3类课程为总体架构的资源库体系。

案例2.1 坚守立德树人初心,勇担育人育才使命

浙江纺织服装职业技术学院立足三全育人,形成"1＋8＋N"学生社区综合管理模式,"1"指以"一站式"学生社区管理服务中心为服务主阵地,"8"指建成8个二级学院社区驿站作为教育主阵地,"N"指打造N个学生活动和服务功能场所作为活动主阵地。通过构建"党建引领、管理协同、队伍进驻、服务下沉、文化浸润、自我治理"学生社区综合管理工作体系,形成一站式集成、网格化管理、精细化服务、信息化支撑的综合管理模式,将育人力量和资源整体下沉到学生社区,用最温暖的关爱陪伴学生健康成长。

宁波职业技术学院建设思政课课程群,开展理论教学与实

践教学、思政课程与课程思政双循环，打造"能力＋思政"双效能课堂。将思政小课堂融入社会大课堂，建立港口博物馆、人民法院、灵峰社区等思政实践教学基地，组织学生参与现场调研，让思政课教学"活"起来。持续实施"五个一百"课程思政建设工程，建立与课程思政配套的现场教学观摩、说课比赛、"学评教"指标体系，将课程思政建设融入人才培养方案、课程标准，新增入选省级课程思政示范课程8门、省级课程思政教学研究项目5项和省级课程思政示范基层教学组织1个。宁波职业技术学院获批浙江省课程思政示范校。

宁波卫生职业技术学院构建"11235"劳动教育模式，打造"五育融合"育人新生态。"1"指制定一张劳动教育清单，"1"指打造一个劳动教育月品牌，"2"指推动劳动课程与劳动实践共进双渠道，"3"指探索家庭、学校、社会"三位一体"共育机制，"5"指提升五育融合育人价值。2023年，宁波卫生职业技术学院新增校内外劳动实践基地13个，学生参与4000余人次，学校劳动教育月活动受到"学习强国"、潮新闻等主流媒体宣传报道。

2.2　三教改革

对接产业推进专业集群发展。对接宁波市"361"万千亿级产业集群，高职院校健全专业布局结构动态优化调整机制，增设战略性新兴产业相关专业、区域发展紧缺专业,建设特色优势专业群,淘汰不符合经济社会发展和学校办学定位的专业,有效提升人才培养和产业发展需求匹配度。2023年,宁波市高职院校共开设专业230个,建成专业群42个。浙江药科职业大学聚焦"四品一械"大健康产业链,设置药物制剂、药物分析等医药类专业群和药品质量管理、药事服务与管理等监管类专业群,构建以药学类、健康护理类专业群为主体,医疗器械类、食品类、化妆品类专业群协同发展的应用技术类专业布局,20个职业本科专业完全体现了职教本色、医药特色和监管底色。浙江纺织服装职业技术学院对接"时尚＋""文化＋"产业链,持续优化"时尚纺织服装＋"专业体系,现建有纺织品设计、服装与服饰设计等七大专业群,2023年新增1个专业,停招4个专业,有效提升专业链与产业链需求匹配度。

全面深化教学改革。全力推进教学改革,深化课程内容、课程设计、教学实施、教学评价等内涵建设,积极培育和凝练教学成果,持续提升教学效果和人才培养质量。浙江纺织服装职业技术学院、宁波职业技术学院分别获得国家级职业教育教学成果奖一等奖1项、二等奖2项。宁波职业技术学院等6所高职院校的21门课程入选2022年职业教育国家在线精品课程。浙江纺织服装职业技术学院以"匠心匠艺"为育人理念,精心打造"匠艺"课堂品牌,发挥"匠艺"课堂在教学改革中的引领作用。2023年,浙江纺织服装职业技术学院累计有166门课程被纳入"匠艺"课堂,其中A级45门、B级76门、C级45门。

数字赋能教材改革和资源建设。深入贯彻落实国家教育数字化战略行动,通过建平台、扩资源、促应用,推进数字技术与教育教学的深度融合。2023年,宁波市高职院校建成教学资源库41个,推出在线精品课程794门,打造虚拟仿真实训基地24个。其中,国家级教学资源库有5个,省级教学资源库有7个,接入国家智慧教育平台的有8个;国家级在线精品课程有29门,接入国家智慧教育平台的有20门,省级在线精品课程有143门,接入国家智慧教育平台的有28门;国家级虚拟仿真实训基地的有2个,接入国家智慧教育平台的有1个。编写教材659种,其中国家规划教材有97种,校企合作编写教材有390种,新形态教材有206种,接入国家智慧教育平台的数字教材有66种。宁波职业技术学院等6所高职院校共20种教材入选首批"十四五"职业教育国家规划教材。

打造优质双师队伍。树牢师德师风第一标准,将师德师风建设与人才引进、评奖评优、晋级晋升、绩效考核等有机结合,实行"一票否决制"。鼓励教师提质增效,加强顶层规划,落实职业学校教师素质提高计划,积极发挥优秀教学团队带动作用,优化专兼结合队伍结构,大力提升"双师型"教师队伍建设水平。2023年,宁波市高职院校"双师"素质专任教师占比为76.50%,高级专业技术职务专任教师占比为35.91%。宁波职业技术学院模具设计与制造专业群、浙江纺织服装职业技术学院纺织服装智能装备两个教师团队入选第二批省高校黄大年式教师团队拟认定名单,宁波职业技术学院模具设计与制造专业群教师团队被推荐为全国第三批高校黄大年式教师团队。宁波职业技术学院等3所高职院校牵头的3个教师团队入选首批省中高职一体化教师教学创新团队。

案例2.2　聚焦三教改革，深化内涵建设

　　宁波职业技术学院模具设计与制造专业群精准对接模具产业链核心岗位群，打造"三岗三模"品牌专业群。遵循"数字化设计优化为基、智能化加工制造为重、成型工艺分析为先、综合能力为本、劳动素养为根、工匠精神为魂"的"智能＋"模具人才成长规律，紧密对接模具设计、编程与加工、装配与试模"三个岗位"职业能力要求，厘清课程设置标准和理实一体教学理念，完善课程设置方案。以模具企业简单（二板模）、中等（带滑块、抽芯、斜顶的模具）、复杂（双色、热流道模具）"三副模具"为项目载体，动态融入模具标准化同步设计新规范、智能化加工新技术、科学试模新工艺，有效衔接学校、企业、跨企业训练中心"三元"场所，高效开展工学交替"双轨"教学，实现了合作企业实训实习岗位多、学生能力提升快、教师技术服务好、毕业生适岗时间省的智能化时代模具人才培养目标，形成了岗位赋能、项目提质、螺旋上升的"智能＋"模具人才培养阳明方案。《适应区域优势产业的高职模具专业"智能＋"系统化升级创新与实践》获2023年国家教学成果奖二等奖。

　　浙江药科职业大学大力推进"互联网＋""智能＋"教育新形态，探索建设政府引导、市场参与的职业教育资源共建共享机制，构建"校本—市级—省级—国家"四级在线开发课程资源体系，满足学生多样化学习需求，推动教育教学变革创新。学校联合13所院校和3家企业共同建设药学专业（职业本科）资源库，

以药学专业为核心,服务药物制剂、药物分析、制药工程技术、药品质量管理、中药学5个专业,建成专业资源、课程资源、赛证聚焦、虚拟教学、国际交流、继续教育、特色资源7个模块,于2023年9月由浙江省教育厅推荐申报国家级教学资源库。

浙江纺织服装职业技术学院实施职业教育教师创新团队培育计划。一是与行业、企业和同类院校共同开展教育教学改革、科研合作和技术服务等活动,为教师创新团队提供广阔的发展空间;二是与行业龙头企业建立紧密合作关系,为教师创新团队提供丰富的教学资源和实践平台;三是依托国家级职业教育"双师型"教师培训基地,与国家教育行政学院合作,累计开展"双师讲堂"18期;四是鼓励教师开展技术研发和服务,促进成果转化应用。团队培育计划的实施,有效提高了教师的专业素养和教育教学能力。2023年,浙江纺织服装职业技术学院获批全国教师创新团队1个,省级教师创新团队2个,黄大年式教师团队1个,省技能大师工作室1个。

2.3　就业创业

促进高质量就业创业。把确保毕业生就业大局稳定作为稳就业工作的重中之重,加强对高校毕业生就业创业工作的组织领导,逐级压实工作责任,全力保障毕业生就业局势稳定。宁波市建设毕业生就业管理平台，举办高校智能制造、退役军人毕业生等专场招聘会，推动在甬高校书记、校长走访企业1738次，拓展就业岗位23789个；推动举办线上线下招聘会259场。截至2023年9月底，宁波市高职院校（含职业本科）2023届毕业生总计25131人，已落实去向24725人，去向落实率为98.38%。

创新创业实现新突破。深化创新创业教育改革，以创新创业赛事为牵引，以赛促学、以赛促教、以赛促创，将创新创业教育融入人才培养全过程。宁波市举办2023年长三角高职院校"甬创未来"大学生创新创业大赛，来自长三角三省一市的84所高职院校的510个团队参赛。在第十三届"挑战杯"中国大学生创业计划竞赛中，宁波职业技术学院团体总分、金奖数均位列全国高职院校第一，浙江纺织服装职业技术学院首次获得全国金奖，实现历史性突破。

案例2.3　多措并举，推动毕业生高质量就业创业

浙江工商职业技术学院出台《2023年毕业生就业工作实施意见》，推出了包括"跟每位毕业生至少谈一次话""每周一次就业指导讲座""每位校领导、教师联系一家以上可就业用人单位"等内容在内的"十个一"举措，全力推进毕业生就业工作。《浙江工商职业技术学院：推出"十个一"，就业工作做在前》入选浙江省典型就业工作案例。浙江工商职业技术学院2023届毕业生最终就业率达98.87%，留甬率达56.88%，均位列宁波市前茅。

2022届毕业生职业发展及人才培养质量调查总分位列浙江省高职院校第6名,连续3年位居在甬高职院校第1名。

宁波职业技术学院依托国家级创新创业学院建设,将"双创"教育贯穿人才培养全过程,构建思创融合、专创融合、产创融合、赛创融合、科创融合的"五创融合"创新创业教育体系,优化"双创"资源供给机制。2023年,宁波职业技术学院牵头成立全国高职院校校长联席会创新创业教育专委会,吸纳117个成员单位,开展专创融合师资培训、课程师资培训及开放马拉松挑战赛等多项活动,承办职业院校创新创业教育论坛、长三角高职院校"甬创未来"大学生创新创业大赛等大型活动,领跑全国高职院校"双创"教育。

2.4 技能竞赛

技能竞赛成绩优异。宁波市高职院校积极参加2023年全国职业院校技能大赛,在已完成的39个赛项中,共计获得11金24银4铜,金牌数位列计划单列市第一、浙江省第一,获奖率达100%。在中华人民共和国第二届职业技能大赛中,宁波市高职院校共计获得1金2银1铜4优胜,6名选手荣获"全国技术能手"称号,其中4名选手入围第47届世界技能大赛国家集训队,备战2024年在法国里昂举办的第47届世界技能大赛。

以赛促学提升技能水平。强化赛教融合、赛教相长，以大赛引领教学，以教学促进大赛。落实"一技之长＋综合素质"的人才培养目标，营造良好的职业技能学习氛围，激发广大学生学技术、练技能、当能手的热情，全面提高学生的职业素质和岗位竞争能力。宁波职业技术学院发布《学生参加技能竞赛期间课程成绩认定指导意见（试行）》《关于若干国际性赛项纳入2023、2024年技能竞赛管理的通知》等文件，持续推动"竞赛项目融入培养方案、竞赛内容融入课程教学内容、竞赛评价融入综合评价"，实现以赛促教、以赛促学、以赛促训。

案例2.4 以赛促教，创新竞赛育人模式

宁波职业技术学院电子信息工程学院发挥学校、企业育人主体作用，建立面向智能物联系统、机器视觉、自动化生产、人工智能应用等领域的24个工作坊，并将工作坊管理和运行有效融入"AI＋"工匠人才培养过程，培养技能人才。"AI＋"工匠人才培养依托工作坊、大师工作室、企业研发中心等专业群育人平台，构建"匠心匠行"素养教育、"创新精技"专业教育、"匠人匠品"职业教育三大体系，将"数字工匠"贯穿育人全过程。学生深入学习电子信息类和人工智能行业的新技术、新工艺和新规范，强化技术应用能力、产品开发能力与技术创新能力，提高技术技能水平。2023年，宁波职业技术学院电子信息工程学院在全国职业院校技能大赛中获一等奖2项，二等奖1项，三等奖1项。

宁波卫生职业技术学院构建校、省、国家三级学生技能竞赛

体系,实现技能竞赛对学生的全覆盖、常态化,形成崇尚技能、学习技能、锻炼技能、展示技能的良好氛围。2023年度学生技能节设置了23项竞赛项目,建立了与国家、省、市学生技能竞赛对接、专业全覆盖的技能竞赛体系。宁波卫生职业技术学院以提升学生岗位胜任力为主要目标,强化竞赛内涵建设,充分发挥行业支持优势,学校与企业双方共建学生职业技能训练体系,全面提升学生专业技能和知识水平。

2.5　长学制培养

深化长学制人才培养改革。落实浙江省教育厅办公室《关于开展区域中高职一体化人才培养改革工作的通知》精神,按照"适度规模、优化结构、服务地方、彰显特色"的工作思路,积极推进中职与高职、中职与本科的贯通培养,切实提升职业教育人才培养的针对性、适应性和吸引力。2023年,宁波市五年制中高职一体化招生计划数为9967人,较上年增加1655人,增幅达20%;新增中本一体化招生学校2所,招生数为309人,较上年增加50%以上。宁波职业技术学院牵头浙江省2022年度中高职一体化课程改革重大课题并顺利结题,形成浙江省中高职一体化应用化工技术、模具设计与制造专业相关的职业能力标准、专业教学标准、核心课程标准。

有序推进现场工程师学院建设。紧密对接区域支柱产业和优势产业,将人才培养与区域产业结构调整、经济社会转型升级等需求有机结合,探索实施中职、高职和优质企业共同深度参与长学制人才培养机制,提升人才培养与经济社会发展需求"契合度"。积极推进智能交通工程师学院等3所工程师学院建设,探索卓越工程师学院建设,有序推进高校、中职、企业一体化联合培养及"厂中校"建设。2023年,3所招生学校的4个专业共计划招生180人。

案例2.5　深化长学制人才培养改革,提升人才培养质量

宁波城市职业技术学院中高职一体化工作按动态管理、逐步聚焦的原则,淘汰2所市外中职学校;在转段选拔时实施了基于"过程＋结果""文化课＋专业课""考试成绩＋素质特长"的多维度评价模式,在转段比例设置上实行"基础比例＋竞争比例",取得了良好效果。宁波城市职业技术学院持续深化与慈溪技师学院的合作,新增与宁波市职业教育中心学校试点"五年贯通"培养招生,拓展学校办学空间。

宁波卫生职业技术学院对接区域"一老一小"行业发展需求,与区域内中职学校合作开展长学制人才培养,2023年新增合作学校3所、合作专业4个。学校健康服务类人才培养中高职一体化教育联盟组织召开集体备课会和专业人才培养会议,根据产业发展新要求,遵循复合型人才培养原则,架构中高职衔接的人才培养课程体系,完成新一轮专业人才培养方案修订,深度推进中高职一体化衔接工作。

03

服务贡献

3.1 服务行业企业

聚焦"361"产业集群，提升城市发展人才动能。宁波市高职院校面向绿色石化、高端装备、时尚纺织服装、现代健康等重点产业和新兴行业，加强政校行企协同育人，促进产业链、创新链与教育链、人才链的有机衔接，推动人才培养创新和专业服务产业的协同发展，培养"当地离不开、行业都认可、国际可交流"的高素质技术技能人才，为宁波现代化滨海大都市建设提供人才动能。2023年，宁波市高职院校为当地输出技术技能人才超万名，4所高职院校留在当地就业的毕业生人数超过该校就业总人数的一半，浙江工商职业技术学院、浙江药科职业大学的毕业生留在当地的就业人数占比超过80％，体现出学校人才培养与区域产业发展的高度适配性。全市高职院校毕业生到中小微企业等就业的有14819人，占就业总人数的85.02％，为宁波大量的中小微企业高质量发展注入新生力量。浙江纺织服装职业技术学院依托2023宁波时尚节暨第27届宁波国际服装节，开展综合实践实习教学活动，深度参与策划、表演、造型、后台服务等工作，与头部企业合作打造数字化特展，全面展示学校在提升地方时尚纺织服装产业方面的成效，助力东方滨海时尚之都建设。宁波幼儿师范高等专科学校与宁波市江北区共建江北区新媒体产业学院，紧扣"新媒体产业"和"新媒体＋产业"双主线，搭建服务人才、企业、社会的多元共治平台，做到校企育人、学习就业无缝衔接，促进产业人才供需精准对接。

开展应用技术服务，促进中小企业创新发展。宁波市高职院校坚持产教融合、科教融汇，搭建了一批创新发展中心、产业创新服务中心、协同创新中心等科研服务平台，面向专精特新"小巨人"企业、"单项冠军"企业等中小企业开展应用技术创新服务，积极促进成果转化，助力企业提档升级，为宁波打造"单项冠军"之城贡献职教力量。2023年，宁波市高职院校横向技术服务到款额为6560.93万元，横向技术服务成果产生的经济效益达370192.39万元，占全省的50.55％；授权专利268项，发明专利授权116项，专利转让65项，专利成果转化到款额为300.43万元。浙江药科职业大学科研与医药行业研发、生产、使用等主体紧密结合，联合澳门科技大学中药质量研究国家重点实验室、宁波市中医院、浙江佐力药业股份有限公司等共同申报的"中药复杂体系作用模式解析及中药新药研发"项目获浙江省教育厅"尖兵领雁＋X"研发攻关计划立项，突破关键技术瓶颈。浙江纺织服装职业技术学院与专精特新中小企业的宁波博洋集团共同发起"揭榜挂帅"科技项目，组建科研团队认领博洋家纺和服饰板块急需解决的技术难题33项，联合攻关的"功能性纺织材料制备技术研发及产业化"项目进入宁波市重点研发征集及指南目录，有效解决企业实际问题。

案例3.1 "以研兴企"赋能企业科技创新

宁波职业技术学院致力于产教协同创新，依托学校专业人才优势，坚持"以研兴企"，协同突破关键技术，促进科技成果快速转化、落地,助力提升"单项冠军"企业科技创业能力。校企协同开展"生产生活一线科研",解决区域产业关键工艺、核心部件、系统集成等关键共性技术问题。校企合作实施关键领域核心技术攻关行动,建立市级A类重点实验室、省级协同创新中心、国家级企业技术中心等高能级创新平台,提高技术研发、成果转化水平与效能。2023年,宁波职业技术学院与宁波帅特龙集团共建省级博士后科研工作站,联合起草并发布汽车智能控制系统开发行业技术标准;与宁波舒普机电股份有限公司共建的智能缝制成套设备工程技术研究中心,获批宁波市"科技创新2025"重大专项研究立项,总经费达2100万元;与恒河材料公司聚焦企业碳五碳九综合利用"卡脖子"难题,取得重大突破,研究成果获浙江省科技进步奖二等奖。

3.2 服务乡村振兴

创新服务新模式,激发乡村振兴活力。宁波市高职院校加强校地合作,发挥院校优势,精准对接新农业、新乡村、新农民、新生态,培育一批农创客,组建一批帮农客队伍。通过产业富农、科技兴农、智慧提农、品牌强农、服务助农等途径,助力宁波打造乡村振兴市域样板。宁波职业技术学院工商管理学院依托校地党建共同体,推出直播营销赋能"云上经济"项目,通过"直播+文化""直播＋乡村""直播＋就业""直播＋带货"等形式,打造"直播共富工坊",组织培训一批"懂产品、爱北仑、会直播"的新时代创客,实现技能培训赋能乡村产业发展。宁波城市职业技术学院槭树研究团队针对制约槭树种苗产业发展的共性关键问题,持续开展槭树种质资源库创建、良种和新品种创制等全产业链系统研究和技术集成,通过技术培训与成果转化,累计推广新品种与新技术达16万亩次,产值达27亿余元,助力苗木产业结构调整,促进农民增收致富。

职教帮扶精确协作,互利共赢促进共同富裕。宁波市高职院校落实市对口支援协作工作要求,构建跨市域长效合作和常态化沟通交流机制,主动对接帮扶院校,在人才培养、师资培训、干部互派、资源互补等方面加强联系和交流,扎实推进山海协作、甬蚌交流、甬凉职教协作等合作项目,助力浙江高质量发展建设共同富裕示范区。宁波卫生职业技术学院为那曲市职业技术学院20名学生提供为期三个月的康养照护技术培训,培训成效显著,100％的学生通过了教育部备案的医养个案管理"1＋X"证书考试,80％的学生通过了人社系统备案的养老护理员初级证书考试,为西部地区培养了更多的康养照护技术人才。浙江药科职业大学组建有丰富教学经验和实践经验的培训教师队伍,开发涉及食品药品医疗器械专业知识、市场监管法律法规、突发事件应急管理、特种设备管理等一系列课程,推动西藏那曲、新疆阿克苏、新疆阿拉尔等地区的药监系统受援单位在药监人才队伍建设、人才培养质量、社会服务能力、药监检查和管理水平等方面快速发展。

案例3.2　以文化旅游助推乡村文化振兴

宁波城市职业技术学院美丽乡村文旅创新团队(简称团队)积极参与鄞州滨海博物馆、象山县定塘镇"三不居"漫画清廉艺术馆、集士港深溪村等多个项目建设,助力乡村打造特色文化名片。在深溪村,团队通过挖掘传统文化元素、开发视觉形象应用系统等,用艺术赋能美丽乡村建设,助力深溪村获评浙江省3A级景区村庄、浙江省美丽乡村特色精品村、浙江省优秀文化新地标。宁波城市职业技术学院民宿服务团队赴奉化、余姚、鄞州、象山、宁海等多个县市区,通过指导精品民宿提升民宿整体建设、开展民宿管理培训、制定民宿等级评定、强化民宿人才培养机制建设等,为宁波市民宿产业高质量发展献计献策。宁波城市职业技术学院现已对400多家民宿进行品质提升与等级评定,参与打造民宿产业集聚区15个、精品民宿300余家,培训民宿行业学员1680余人次,培养民宿专业人才200余人,培育宿级民宿122家、叶级客栈52家,为推动"民宿＋"文旅产业融合发展做出了积极贡献。

3.3　服务社会民生

加强高质量培训供给,提升普惠性人力资本水平。宁波市高职院校坚持育训并举,对接区域产业转型升级需求,充分发挥办学特色和专业优势，积极拓展培训渠道，面向产业工人、企业职工、残疾人员、退役军人等群体开展高质量培训课程，打造特色培训品牌，不断提升服务能力。2023年，全市高职院校共开展非学历培训项目1773项，非学历培训达84842.5学时，公益项目培训达26353.5学时，非学历培训到账经费达7253.71万元。宁波职业技术学院积极开展产业工人培训服务，持续深化与工业社区、市总工会及大中小型企业的培训合作，以企业管理、技能提升等个性化菜单式培训服务助力"单项冠军"企业孵化；与市总工会共建工匠学院、劳模创新工作室、技能大师工作室，主动为一线员工的技能培训、技术比武提供师资力量和技术指导。宁波卫生职业技术学院与海曙区医保局联合探索新型培训项目——"焕然医新"长期护理保险社会工作提质项目，通过病人家属基础照护指导培训、养老护理员"技能提升＋心理健康指导培训"、服务质量监督回访等组合拳，打造养老服务质量提升培训品牌。2023年，宁波职业技术学院共入户服务培训270户，有效提升了养老服务质量。

瞄准"一老一小"需求，服务民生事业发展。宁波市高职院校围绕"浙里优学""甬有善育，甬有优学"民生主题，加强与街道、社区及社会组织的合作，开设"一老一小"培训课程，建设老年大学、中小学职业体验基地等平台，助力宁波"一老一小"服务体系建设。宁波职业技术学院依托校内实验实训室、工作坊、大师工作室、研究机构、图书馆、社团活动中心等专业场所，开辟"木工坊""互联网营销师""五育工作室""数学建模实验室"等14个中小学职业体验教育场所，接受了800余名中小学生参与体验编程师、咖啡师、工程师等15项职业。宁波幼儿师范高等专科学校与鄞州区妇女联合会、中河街道妇女联合会建立合作关系,系统开展"为家赋能·共享成长"家庭教育指导活动,派遣专业教师深入社区帮助家长解决育儿困惑,带领家长开展亲子活动,一年时间累计有300人次的家长参与现场讲座、累计有100人次的幼儿参与集体活动,该活动获评长三角托育服务发展研修班优秀案例。

案例3.3 校社共创"老幼共育"社区教育范本

宁波卫生职业技术学院发挥专业优势,以"老幼共育"社区教育为抓手,共同打造"顾老看小"未来社区照护模式。宁波卫生职业技术学院与鄞州区下应街道海创社区共同打造宁波健康老年大学下应银龄学苑,以指导老人科学"隔代养育",帮助老人打破数字鸿沟,丰富老人健康保健知识,提高家庭康养康育技能为社区老年教育主要目标。为社区量身打造"中医养生""老年健康指导""亲子教养指导""游戏养育""老年瑜伽"等5门精品课程,招收社区学员数超50人次。有效利用大学生劳动教育活动,探索形成独特的"课程学习+志愿服务"融合模式,超350人次的社团学生赴社区开展"请跟我这样做""健康早知道"等系列健康服务活动,将社团服务"顾老看小"与课程"老幼共育"结合,形成学生与老人互动教学的学习氛围,各类教学活动超百场次。

04

文化传承

4.1　弘扬与锤炼工匠精神

工匠精神培养是高职院校内涵式发展的重要一环。作为培养未来产业人才的主体,高职院校须在课程教学中融入工匠精神,并建立动态的科学评价机制,以严格的职业标准锤炼技能;将产教融合作为职业教育传承工匠精神的重要载体,实现教育链、就业链、产业链有机结合,依托技能大师工作室、产业学院等载体,通过项目教学、技能大赛、创新创业等,培养能工巧匠、大国工匠,弘扬精益求精、一丝不苟、追求卓越的工匠精神。宁波职业技术学院坚持以工匠精神培养为核心,邀请"大国工匠"、技能大师、各级劳模进校园,并与企业合作共建劳模技师工作室。浙江工商职业技术学院通过开展"未来工匠"智能制造科技展、开发"浙匠与创新""浙里智造与工匠"特色课程等方式,不断打造高品质校园文化品牌,弘扬工匠精神。

> **案例4.1　创新育人方式,锤炼宁波工匠精神**
>
> 宁波职业技术学院开设大国工匠讲堂、创新创业讲坛、劳动模范进校园等系列活动。党员教师紧密联系对接宁波港股份有限公司、中华纸业公司等企业技能大师、劳动模范,校企合作共建劳模技师工作室13个。宁波职业技术学院加强"校园十八景"等文化载体建设,在"联盟大厦""思源树人中心""乐雪芳楼"等

校园景观中凸显工匠文化。深化二级学院工匠文化特色凝练与打造，推进教学环境工厂化，打造8面企业文化墙。在宁波舟山港股份有限公司北仑第二集装箱码头分公司等企业建立10个企业文化基地，学习先进企业文化与工匠精神。

浙江工商职业技术学院注重弘扬工匠文化，连续开展7届"未来工匠"智能制造科技展。学校以电子信息学院的六大专业为基础，由相关专业和校电子俱乐部的全体师生，结合人工智能、大数据、电子科技等前沿技术，开展以"校园科技＋校园文化"为主线的科技活动。开发"浙匠与创新""浙里智造与工匠"等特色课程，打造"工匠文化进课程"特色品牌。

4.2　保护与传承非物质文化遗产

高职院校作为区域非物质文化遗产（简称非遗）保护与传承的实践者，如何激发和运用地方历史文化宝藏，使之与时代精神相融相通，共同服务落实立德树人根本任务，是时代赋予的重大课题。高职院校应努力建设非遗课程教学体系，不断优化人才培养方案，结合区域非遗特色，遴选非遗项目，将职业院校产教融合的教育理念与当地文化创意产业需求相融合，带动传统非物质文化遗产的传承与创新。宁波职业技术学院充分挖掘区域非物质文化遗产资源，聘请多位非遗大师并建设非遗大师工作室，将保护、传承非物质文化遗产与社会服务、美育实践相结合。浙江纺织服装职业技术学院依托办学特色,与宁波文创港联合主办"滨海印迹"宁波非遗文创周,推出了1000余件非遗展品,举办了4场服装动态秀;挖掘当地乡土文化内涵,着力打造雷山蓝印花布特色村,着力推进"非遗＋"多元化产业生态链。

案例4.2　建设非遗传承基地,助力文化技艺创新

宁波职业技术学院非遗传承社科普及基地(简称基地)位于学校东校区内,占地1475平方米,以浙东地方特色的非物质文化遗产为主题,集宣传展示、互动体验、教育研究、创意研发等功能于一体,承担着文化传承与创新的使命,极具特色。具体而言,基地做出了以下方面的努力:一是弘扬浙东地方特色文化。基地建设结合浙东地区仿古民居建筑布局,汇集象山竹根雕、新碶民间剪纸、越窑青瓷、泥金彩漆、骨木镶嵌等浙东地区非遗精品项目。二是致力于活态传承。基地兼具静态的非遗技艺墙面展、实物展与非遗传承人的动态技艺展示,通过互动工坊、研学体验、文创设计等活化非遗资源,致力于非物质文化遗产的"静态展示、动态保护、活态传承"。三是整合资源服务地方。基地统筹政府、学校、非遗传承人三方资源,拓展科普路径,培养青年科普讲解员团队,服务地方非物质文化遗产普及与传承。

浙江纺织服装职业技术学院与宁波文创港联合主办"滨海印迹"宁波非遗文创周,围绕"滨海印迹"这一主题,以非物质文化遗产的传承与创新为切入点,从传统文化中发掘时尚元素,将宁波港埠文化、工业遗存,与传统服饰文化、非遗技艺相结合。

"宁波非遗文创周"由非遗印象秀、非遗印迹展、非遗市集、非遗工坊和非遗讲堂五大板块组成。植物染蓝印花布工坊、宁波泥金彩漆融创工坊、绳结艺术品工坊、皮雕非遗技艺工坊、金银彩绣活化工坊等5个非遗工坊的教师团队,共展出1000余件非遗展品,并举办中英时尚学院旗袍主题"甬尚风华"动态秀、艺术学院"红妆"动态秀、时装学院汉服作品发布动态秀、时装学院儿童创意服装共4场动态秀,使非遗技艺与时尚文化完美融合。

浙江工商职业技术学院以"学术研究＋社会服务＋决策咨询"打造"宁波非遗保护利用研究基地",服务地方文化建设,以"非遗＋N"打造"校园非遗传承传播平台",成立了国家级非遗项目"宁海平调"首个高校传承基地,以多种方式、多领域培养非遗应用与传播人才,全方位地将非物质文化遗产有机融入地方社会文化体系中,为地方的非物质文化遗产传承传播贡献自己的"工商模式"。

宁波城市职业技术学院积极推动将非物质文化遗产资源融入人才培养,依托工作室制教学、社团制传承等方式,形成了奉化布龙、北仑狮王、传统插花、夹纻漆器的"四遗进四课"非遗传承品牌,实现了学校一、二、三、四课堂的互融互通,帮助学生深入了解非物质文化遗产,在实践中掌握文化精髓。舞龙社已培养学生超千人,社会展演服务人次达3万余人;舞狮社每年义演30余次;王炳根漆艺工作室共培养220余名漆艺传人,诸多作品代表中国非遗在国际大展亮相;传统插花社团10年来培养学生获全国技能大赛二等奖2个、省赛一等奖7个等。

4.3   创新培育校地文化

宁波市高职院校始终明确办学定位,适应区域经济社会发展需要,汲取地域文化精髓,创新打造有机融合、良性互动的校地文化品牌,并在传承宁波地区陶瓷、髹漆、中医药等中华优秀传统文化的同时,充分发挥产教融合平台、实践教学基地的功能,形成了推动文化传承的独特优势。宁波幼儿师范高等专科学校以优秀的校园文化品牌助力营造良好的师范文化氛围,充分彰显"校园有品位、教师有品性、学生有品质"的宁师校园文化。宁波卫生职业技术学院秉持"仁爱、健康"校训精神,以"仁爱"文化为载体,持续完善"一核四翼"精神文化体系、"一馆四室"物质文化体系、"一平台四模块"行为文化体系和健全的制度文化体系,举办仁爱文化节、孝老文化节、中医药文化节、慈幼文化节、"5·12"国际护士节加冕礼等系列仁爱文化节庆活动。

案例4.3   融合地方文化特色,传承传统文化

宁波卫生职业技术学院以春节、端午节等传统节庆为切入点,开展"我们的节日"十大主题教育系列活动,举办"我们的节日"之"新春之约""清明之思""劳动之荣""五四之魂""端午之忆"等十大主题教育系列活动共10场,参与人数达5000多人次。以"慈孝""中医药"为抓手,与慈城镇共建中医药文化宣传教育

基地、中国慈孝文化研究基地。组织学生参观主题展览、国学课《从〈论语〉谈中国传统的慈孝文化》、微话剧展演、民俗服饰走秀、经典诵读、传统食品制作、文化创意集市等，传承和弘扬中华优秀传统文化。

宁波幼儿师范高等专科学校构建良好的"三品"校园文化氛围。开展10个第二轮校园文化品牌验收工作和系列推文展出，并选树12个第三轮校园文化品牌项目。每年上半年举办师范生技能节，下半年举办师范生文化节，持续推出"景行大讲堂"，以优秀的校园文化品牌助力营造良好的师范文化氛围，熠熠星光·璀璨如荫卓越幼师培养成果展、"师·说"论坛等文化品牌充分彰显了"校园有品位、教师有品性、学生有品质"的宁师校园文化。

浙江工商职业技术学院基于百余年的商业职业教育办学历史，秉承浙东学派"经世致用""工商皆本""知行合一"的思想和宁波商帮文化精神，并将其贯彻于办学全过程，注重"工商并重"，突出"技能与实践"，在教学中倡导理论联系实际，学以致用。以"宁波商帮文化"课程为抓手，以"宁波（现代）商帮论坛"、新生始业教育等为其外延，在全校范围内大力传播弘扬"宁波商帮精神"。同时探索形成了课内外、校内外结合的素质教育体系，并与各专业理论和实践教学体系相结合，搭建了诚信教育、市场竞技、素质拓展、技能比赛等平台，实施覆盖全校的"必修课、选修课、课外实践项目"，创建"三个课堂"联动的育人模式；打造了校园商品展销会、数字经济文化节等一批特色校园文化品牌项目,系列活动吸引师生踊跃参与,全面提升了学生的职业素养、技能水平和创新创业能力。

宁波城市职业技术学院瞄准宁波作为东方文明之都的地域文化资源,精心寻访在行业领域中与学生职业素质养成契合度较高的模范标兵,化育学生。开设"明责大讲堂"系列讲座,编印《明责大讲堂故事集》,强化楷模引领,以"走进楷模""倾听校友""遇见能手"为专题设计了内容体系,邀请全国劳模虞成安、周宁芝、陈淑芳,"时代楷模"钱海军,优秀校友解瑶等,与学生零距离对话,突出本地"身边的榜样"现身说法,让楷模成为学生职业成长和精神成长的最好的"教科书",无形中浸润了学生内心、铺陈了人生底色。

05

国际合作

5.1　合作办学

留学生培养呈现新亮点。宁波市高职院校积极对接境外中资企业与职业院校发展需求,开展留学生人才培养,在规范管理的同时,加强对留学生的人文教育与关怀,打造留学宁波品牌。2023年,宁波市高职院校接收国外留学生专业数达10个,接收国外留学生179人,接收国外访学教师22人。宁波职业技术学院创新打造国际学生国情教育名师工作室,形成协同育人、文化育人、实践育人的"1＋3"育人模式,获批"浙江省国际学生国情教育名师工作室"。浙江工商职业技术学院通过组织一系列教育活动,如建设宁海桃源街道、海曙古林茂新村等14个留学生校外文化实践教学基地,与宁波国医堂开展名师名匠结对共研来华留学生非物质文化遗产课程,增强来华留学生对中国文化的认同感。

案例5.1　留学生培养模式获广泛认可

宁波职业技术学院在"未来非洲—中非职教合作计划"框架下,与津巴布韦哈拉雷理工学院合作开展机电一体化技术专业人才联合培养项目,双方坚持产教融合、教随产出,积极对接中国宁波海天集团、力劲科技等智能制造企业及新钢联等在非中资企业,共同构建学生实习、实践、就业平台。通过定制人才培养方案,面向60名学生开展教学,共享中国职教模式与经验,为津巴布韦培养、培训更多应用型技术技能人才，赋能非洲青年成才。哈拉雷理工学院校长对学校校企合作开展人才培养给予高度肯定，津巴布韦《先驱报》《每日新闻》、津巴布韦电视台等主流媒体对此进行了相关报道，并引发积极关注。

中外合作办学质量明显提升。2023年，宁波市高职院校在国外开办6所学校，覆盖了10个专业，在校生数达232人；中外合作办学专业数达15个，在校生数达2640人。浙江药科职业大学与澳大利亚科廷大学签订《科廷大学与浙江药科职业大学学术研究合作谅解备忘录》，双方将在护理、营养与食品科学、药学、药剂学等专业学位项目方面继续深化合作。宁波城市职业技术学院持续引进澳大利亚TAFE优质教育资源，完善宁波TAFE学院和3个中澳合作办学项目教学管理，努力提高中外合作办学专业人才培养质量。宁波幼儿师范高等专科学校积极加强与韩国东明大学的沟通交流，邀请韩国东明大学代表团来校研商招生、课程建设、中韩合作班教学改革等事宜。2023年度，宁波幼儿师范高等专科学校与韩国东明大学合作办学的第三届学前教育中韩班顺利招生入学，生源质量持续提升。

案例5.2　中外合作办学项目成效显著

宁波卫生职业技术学院与韩国又松信息大学合作举办美容美体艺术专业高等专科教育项目，在专业教学中设置三分之一的引进课程,由外籍教师授课。秉持思政教育与国际培养同行的理念,专业开展"课程思政及美育"相关研究31项,形成课程思政案例46个,建成课程思政示范课程5门,其中1门核心课程为省级示范课程。专业学生获得的各级各类奖项及荣誉达24项,2名学生在韩国学习交流期间获得全额奖学金。该案例入选全国职业院校"两创"成果展,获评浙江省教育国际交流协会高职分会工作典型案例。

境外办学品牌不断擦亮。宁波市高职院校坚持"教随产出、产教同行",加强与共建"一带一路"国家的职业教育交流与合作,不断擦亮"鲁班工坊""丝路学院"等境外办学品牌。宁波职业技术学院作为宁波市唯一一所国家"双高计划"建设院校,建设的"贝宁鲁班工坊"入选全国首批鲁班工坊运营项目。2023年,宁波市高职院校建有4所浙江省"'一带一路'丝路学院",分别为宁波职业技术学院的中斯丝路学院、中贝丝路学院,以及浙江纺织服装职业技术学院的中罗丝路工匠学院、宁波城市职业技术学院的中泰暹罗丝路工匠学院。

案例5.3 境外办学持续走深走实

宁波职业技术学院"贝宁鲁班工坊"顺利落地。2023年4月,"贝宁鲁班工坊"揭牌仪式在贝宁阿卡萨多中贝友谊技术中学举行。宁波职业技术学院派遣工作团队赴贝宁开展师资培训、实训布局重构和现场教学，并围绕教学方法、职教课程设计、教学项目设计等职教能力培训了50人。贝宁中等教育、技术教育与职业培训部部长等多位领导先后到访宁波职业技术学院调研"贝宁鲁班工坊"并给予高度认可与评价，不仅为浙江天时国际等在非中资企业培养了本土技术技能人才，服务了当地民生发展，还传播了职业技术和中国文化，扩大中国职教国际影响力。

5.2　标准"出海"

宁波市高职院校立足区域优势，依托中国—中东欧国家博览会等国际合作平台，结合自身专业特色，积极对接海外职业学校和企业，制定国际水平的专业标准与课程标准，开发国际水平的职业教育资源与装备，形成了一批具有较强国际影响力的职业教育标准、资源与装备，为中国职业教育"走出去"贡献宁波力量。浙江工商职业技术学院积极开发面向国（境）外的教学资源库，电子信息学院、数字商务学院、建筑与艺术学院、国际交流学院分别面向埃塞俄比亚开发职业标准1门，面向坦桑尼亚开发课程标准2门，面向印度尼西亚梅库布亚纳大学开发课程标准4门。

2023年，宁波市高职院校开发并被国外采用的职业教育标准数为136个，其中专业标准为28个，课程标准为108个。开发并被国外采用的职业教育资源为13个，职业教育装备为3套。宁波职业技术学院作为宁波市唯一一所国家"双高计划"建设院校,开发并被国外采用的职业教育标准有45项、职业教育资源有7个、职业教育装备有1套。

案例5.4 标准出海,提升职教国际影响力

宁波城市职业技术学院组织专业团队成功立项了3项国际认可的职业标准和专业标准项目,信息与智能工程学院团队为塞拉利昂开发"移动应用开发技术"专业国家标准,为老挝开发"网络安全技术员"国家职业标准;景观生态学院团队为乍得开发建筑信息模型技术员(Ⅳ级)国家职业标准。泰国暹罗技术学院采用了宁波城市职业技术学院的"中国茶艺文化"等17门课程的标准,彰显了宁波城市职业技术学院的职业教育国际化实力。

宁波职业技术学院稳步推进中非职业技能等级证书秘书处建设,牵头制定《中非职业技能等级证书项目实施方案》,建设专业工作组,聚焦建筑、机械、电子电气、农业技术、轨道交通、路桥建设、信息技术等非洲各国急需专业领域,与非洲合作伙伴、兄弟高职院校及在非企业共同研发适合非洲青年的职业技能等级证书。宁波职业技术学院牵头带领兄弟院校开发了五大类共28个证书,其中宁波职业技术学院开发制定《车工职业技能等级证书标准》《电气设备安装工职业技能等级证书标准》《机械装调维修工职业技能等级证书标准》等3个标准,有效助推中国职教标准"走出去"。

5.3 产能合作

宁波市高职院校结合自身专业优势与特色，依托"丝路学院""'一带一路'产教协同联盟"等合作机构与平台，开展订单式培养、企业员工培训、"中文＋职业技能"培训项目等，为"走出去"企业与当地产业发展提供人才支撑与技术支持，有效促进国际产能合作。2023年，专任教师赴境外指导和开展培训911人次，在境外组织担任职务的专任教师29人。浙江工商职业技术学院主动开拓境外"中文＋技能"培训项目，面向南非、韩国、印度尼西亚等国家的中资企业和学生开展法律、财务、文化、艺术等应用型技能培训2000多人次。宁波城市职业技术学院中泰暹罗丝路工匠学院利用校企资源，开展订单式"中文＋技能"培训，学生点菜，学校接单，与合作企业共同设计个性化培训课程体系，打造"校企联动、产教融合、双轨育人"培养模式。2023年，宁波城市职业技术学院举办了酒店管理专业线下"中文＋技能"等3期培训班。

> **案例5.5 赋能企业"走出去"，服务国际产能合作**
>
> 宁波职业技术学院持续推进"一带一路"产教协同联盟合作机制，与"走出去"企业中航国际成套设备有限公司携手，开展科特迪瓦电子电工专业实训室人员设备使用、维护和课程培训等工作。通过项目化教学方式，为来自科特迪瓦7所职业院校的14

名专业教师开展新技术讲授、专业实践技能训练、职业教育教学设计与实施等专业知识培训。根据科特迪瓦产业发展和岗位用人要求,定制开发电子电工专业标准、课程标准、实践项目等整套教学资料,受到学员及科特迪瓦职业教育部部长、顾问等高度好评。

浙江工商职业技术学院利用本校优势专业,针对跨境电商、数字经济和现代服务行业的专业人才培养,与印度尼西亚梅库布亚纳大学合作共建"直播与传媒海外学院"。直播与传媒海外学院以印度尼西亚为中心辐射东南亚国家,打造了传媒特色技能人才培养的应用型海外学院,为宁波众多的"走出去"企业提供精准的人才培养和智力支持,协助企业更有效地进入和适应东南亚市场,为两地企业与教育机构间的合作开辟新道路。

5.4　交流互鉴

宁波市高职院校积极融入宁波中国—中东欧国家经贸合作示范区等高能级开放平台建设,联合政府、行业企业、国内外院校,搭建中国—中东欧国家职业院校产教联盟、"一带一路"产教协同联盟等国际职教合作平台,推进中外职业院校在师生、学术与文化等方面的交流互鉴。宁波城市职业技术学院牵头与黑山亚德里亚大学等国内外15所高校携手成立宁波市"一带一路"职教慕课联盟,现已建成或在建国际化慕课48门,其中有25门慕课被清华大学

"学堂在线"国际化平台上线,"玩转英美"等4门慕课通过该平台推荐给印度尼西亚高校,"编制营销计划"课程获评"全球融合式课堂"并被印度尼西亚网络教育学院采用。浙江药科职业大学积极与澳大利亚莫纳什大学、英国贝尔法斯特女王大学等国外知名高校,商议共建中药学、康复治疗学等专业学生的海外实习基地和中医药文化推广基地;邀请英国贝尔法斯特女王大学、英国雷丁大学等院校的专家来校讲学,分享最新研究成果和理论,拓宽了学校师生的国际视野,深化了国际学术交流。

> **案例5.6　积极搭建国际合作平台,推进职教人文交流**
>
> 　　**浙江纺织服装职业技术学院**牵头成立中国—中东欧国家职业院校产教联盟,2023年被外交部纳入中国—中东欧国家合作框架。联盟现已发展成员单位113家,其中来自12个中东欧国家的成员单位有58家,占比51.3%。依托联盟,浙江纺织服装职业技术学院联合国内外单位共同承办首届中国—中东欧国家职业技能大赛,开展了30余场学术沙龙、直播竞赛等活动,服务中东欧企业20余家。校企共同建成了中东欧青创中心孵化基地、中基新外贸运营基地等一批"联盟＋场馆＋基地"中东欧产教融合重要平台,推动了联盟与塞尔维亚贝尔格莱德"一带一路"研究院等研究机构达成战略合作,促成了浙江纺织服装职业技术学院与保加利亚中保文化交流中心等一批项目成功落地。
>
> 　　**宁波幼儿师范高等专科学校**进一步推动宁波与共建"一带一路"的东南亚国家教育的大开放、大交流、大融合,持续讲好学

前教育"中国故事",顺利举办2023浙江(宁波)—东南亚学前教育交流会,并发起倡议成立浙江(宁波)—东南亚幼教联盟,《亚洲日报》、老挝资讯网等东南亚国家主要媒体在报道中对此纷纷点赞,取得了较好反响。宁波幼儿师范高等专科学校申办的2024浙江—东南亚学前教育交流会入选中国—东盟人文交流年活动。

06

产教融合

党的二十大报告提出的"统筹职业教育、高等教育、继续教育协同创新,推进职普融通、产教融合、科教融汇,优化职业教育类型定位",进一步明确了职业教育的发展方向。产教融合是职业教育的基本办学模式,也是职业教育高质量发展的必由之路。宁波市高职院校按照中共中央办公厅、国务院办公厅印发的《关于推动现代职业教育高质量发展的意见》《关于深化现代职业教育体系建设改革的意见》等文件,落实教育部办公厅《关于加快推进现代职业教育体系建设改革重点任务的通知》,扎实推进产教融合转型升级,提升技术技能人才培养质量。

6.1 产教融合平台

多方协同打造市域产教联合体。围绕浙江省"415X"先进制造业集群培育工程、宁波市"361"万千亿级产业集群行动方案,立足宁波经济技术开发区"六促六优"大场景行动,依托宁波经济技术开发区,宁波职业技术学院和海天塑机集团牵头联合宁波市教育局、高等院校、中职学校、企业、科研院所等108家单位组建宁波经济技术开发区现代产业产教联合体。成立由宁波市北仑区主要领导为组长,分管领导为副组长的联合体建设工作领导小组;北仑区(开发区)每年拨出300万元用于联合体的基础建设和运营支持,确保联合体实体高效运行。联合体坚持以教促产、以产助教,深化产教融合、产学合作,充分发挥政府统筹、产业聚合、企业牵引、学校主体作用,集聚资金、技术、人才、政策等要素,建设共性技术服务平台与人才供需信息平台，破解产教融合难点堵点痛点，不断优化产业生态和教育生态，打造"各方资源要素集聚，人才供需匹配紧密，服务发展能力强劲"的产教融合新格局。

院校牵头共建行业产教融合共同体。宁波市高职院校积极汇聚优质教育资源和产业资源，相继牵头成立全国物流与供应链产教融合共同体、全国模具行业产教融合共同体、全国塑料机械行业产教融合共同体、现代医药行业产教融合共同体、全国服装柔性制造行业产教融合共同体、全国新一代电子信息技术行业产教融合共同体、全国健康养老行业产教融合共同体、全国城市园林行业产教融合共同体等，统筹职业教育、高等教育、继续教育协同创新，探索校企人才共育、过程共管、成果共享、责任共担的紧密型合作办学体制机制，推进职普融通、产教融合、科教融汇协同发展，培养更多高素质技术技能人才、能工巧匠、大国工匠，赋能行业产业转型升级。

案例6.1 整合多方资源，打造行业产教融合共同体

宁波职业技术学院围绕物流、模具、机械等行业发展与人才培养要求，牵头成立全国物流与供应链产教融合共同体（中国物流集团、北京交通大学）、全国模具行业产教融合共同体（山东豪迈机械科技股份有限公司、华中科技大学）、全国塑料机械行业产教融合共同体（海天塑机集团、北京化工大学）等3个行业产教融合共同体，积极构建"实体化运行机制、产教供需对接机制、协同创新工作机制"的教育、技术、产业融合生态,提高"专业布局与产业结构适配度、人才培养与企业需求匹配精准度、教学内容与岗位任务契合度、技术创新成果与产品升级支撑度、本地化与国际化接轨度"等水平,联合打造"金专业、金课程、金教师、金教材、金基地"共同体,共同开创行业内产教融合与科教融汇新局面。

浙江药科职业大学联合中国生物技术股份有限公司、中国药科大学、浙江大学、浙江工业大学、微创集团、浙江海正药业股份有限公司等8家单位,全国150余家企业、院校、科研机构参与成立现代医药行业产教融合共同体。共同体将配齐建强实体化运行所需机构及运行机制,共建产教对接的共享平台;联合建设与行业需求适配的产业技术服务平台和技术工程中心,特别是面向行业中小企业不断提升产业服务能力;优化人才配置,逐渐实施"中高本硕"贯通或关联培养,培养行业急需的高素质技术技能人才;联合共建实体现代产业学院,构建知识链、技术链、人才链、产业链紧密交互的平台,不断提升职业教育的适应性和社会认可度;汇聚产教资源,共建"双师型"教师队伍,不断提升职业教育的教育教学水平。

宁波卫生职业技术学院依托浙江省"一老一小"健康照护服务产教融合联盟、宁波家政学院、宁波老年照护与管理学院,与物产中大金石集团、浙江中医药大学共同牵头发起,联合120多家学校、科研机构、行业企业等组建全国健康养老行业产教融合共同体。共同体通过深化产教融合、校企合作、工学结合、知行合一，推动产教全要素融合，建立健全实体化运行机制，构建产教供需对接机制，联合开展人才培养。

宁波城市职业技术学院与汇绿生态科技集团股份有限公司和中南林业科技大学共同发起成立全国城市园林行业产教融合共同体，近百家行业企业、高等学校、职业学校、科研院所等成为首批成员单位。全国城市园林行业产教融合共同体将进一步建立健全产教融合运行机制、构建产教供需对接机制，跨区域汇聚园林行业产教资源，完善联合培养各层次人才，协同开展技术攻关，努力促进园林行业产教布局高度匹配、服务高效对接，在支撑城市园林行业高质量发展中，做好校企师资、教育培训、教学资源等共培共建共享，努力建设行业产教融合的新生态，实现林草、政行、校企集群化发展的新格局。

6.2 产教融合项目

加大政策激励力度。宁波市制定出台《宁波市产教融合专项资金管理办法》（甬发改社会〔2023〕270号），启动2023年宁波市产教融合专项资金申报工作，设立本科院校、高职院校、中职院校综合奖12项及职业院校单项奖19项，共计奖励2050万元，对12家产教融合型企业给予311万元奖励，有效调动了学校与企业主动参与的积极性。宁波职业技术学院在宁波市产教融合专项考核工作中获得高职院校(技师学院)第一名,获单项奖2项,奖励资金300万元。

推进"五个一批"项目建设。宁波市开展第二期产教融合"五个一批"评选工作,初选现代产业学院13家,产教融合人才培养基地18家,教学改革项目44个,"双师型"或"一体化"教师队伍建设项目20个,产教融合联盟4家。宁波职业技术学院完成浙江省产学合作协同育人结题8项、新申报立项《化工行业高技能人才中高职一体化培养模式与实践》等4项,完成宁波市产教融合"五个一批"10个项目中期评估、7个项目立项和39个校级产教融合"五个一批"项目结题。

案例6.2 打造产教融合平台,共育技术技能人才

宁波职业技术学院联合浙江省建设厅、浙江省建筑业现代化产业学院、宁波市住建局、宁波市教育局等,成立建筑业宁波产业学院,通过产教融合、校企合作、工学一体大力推进建筑产业工人培育,进一步解决宁波市建筑行业"人才供给"与"人才需求"矛盾。建筑业宁波产业学院以建筑产业转型发展为契机,围绕"1个产业学院、2个实训基地、3个专家智库、4个培养中心"建设目标,发挥政府统筹、产业聚合、企业牵引、学校主体作用,建立健全现代建筑产业链、技能链、教育链和创新链有机衔接机制。产业学院实行理事会制度,已吸纳建筑类专业院校、建筑业龙头骨干、专精特新、专业承包企业等单位共同参与,将从行业发展分析研究、产业工人继续教育、建筑技能工匠培育、产业技

术研发服务等方面开展工作,聘任24位行业专家作为学院首批"双师客座讲师",开展全省首批66名建筑劳务班组长素能提升培训班。

宁波城市职业技术学院携手华为技术有限公司、中软国际教育科技有限公司、宁波工业互联网研究院共建工业互联网技术开放型区域产教融合实践中心(简称实践中心)。实践中心利用现有环境开展对外学生开发实训,通过线上通识实训、技能竞赛专项实训及线下社会服务实训多渠道开展培训服务,累计对1800多名学生开展针对性实训;同时开展线上实训项目,在爱课程、中国大学慕课、智慧职教平台开设在线课程8门,参与课程学习超过10万人,完成线上实训的有1000多人;实践中心紧密关注社会需求,为企业和社会组织提供了各类专业培训服务。实践中心举办了100次以上的社会培训活动,涵盖了信息技术、数据分析、人工智能等领域,受训人员超过5713人次,培训收入达300余万元;实践中心将校内优势技术资源转化为社会效益,承接了30余个技术服务项目,涵盖了软件开发、网络建设、系统优化等多个领域,实现总收入320万元。2023年,实践中心对外学生实训人数达600人,引入鸿蒙生态培训项目2个,认证培训项目2个,技能提升项目2个。

浙江纺织服装职业技术学院与宁波博洋控股集团有限公司共建博洋学院,涵盖人才培养、师资培养、生产实训基地建设、专业资源库建设等,联合培养应用型、工程型乃至复合型、创新型人才,构建融合人才培养、科学研究、技术创新、企业服务、学生创业等功能于一体的示范性产业学院。通过政行企校多方协同,结合校企双方的专业链、产业链特点,于2023年成立博洋家纺学院、博洋服饰学院、博洋时尚传媒学院、博洋新零售学院、博洋新空间学院、博洋童装设计研发中心等六大产业学院,搭建了多品牌对接多专业、产业链对接专业链的组织架构,进一步创新"产教一体化"的"双主体协作"机制,在提升办学能力、组建"双师型"教师队伍、建设开放型区域产教融合实践中心、拓宽学生成长成才通道等重点任务方面取得了较大成果。

6.3 校企协同育人

校企双元,探索技术技能人才培养新模式。宁波市高职院校主动服务国家战略、融入区域发展、促进产业升级,与行业、产业、企业发展"同频共振"。深化校企协同育人机制改革,创新人才培养模式、建立校企互聘合作机制、完善考核评价与激励制度,将课程融入生产环节、内容结合岗位实操,破解"课程在企业实施效果不佳、企业人员难以深度参与教学活动、企业育人主体作用难以发挥"等难题,探索培养高素质技术技能型人才新途径。宁波幼儿师范高等专科学校积极探索"多元参与、行企共享、开放共生"的产教融合机制,深化产学协同育人理念,引入校企双方优势资源,将专业与产业对接,实现专业设置融入产业需求,课程内容融入职业标准,教学过程融入生产过程,打造"贯通递进"实践教学体系,实现"产"与"教"协调运转,形成"专业＋产业"特色鲜明的校企"双元"协同育人新模式,开拓更多优质岗位,开展"订单班"学生培养。

创新机制,学徒制模式育人成效显著。宁波市高职院校围绕岗位技能新需求,创新校企合作育人体制机制,组建学徒制培养创新班,以"入学预招工、过程准员工、毕业即就业"的形式进行多企业联合招生招工,通过开展跨企多岗轮训,培养学徒多岗位实践能力。建立校企合作资源建设共同体,开展企业和学校两端"数字教材、在线课程、智能设备、智慧环境"四维教学资源体系建设,实现教学、实训平台、先进技术及合作企业等资源共享。宁波职业技术学院阳明学院模具设计与制造专业群所属专业实现100％现代学徒制,与舜宇集团和德昌机电集团开展订单班各1个,毕业生就业率为98.72％,产教融合育人效果显著。

案例6.3 校企合作育人,提高技术技能人才培养质量

浙江纺织服装职业技术学院商学院遵循学生"职业技能成长"逻辑,全面改造升级传统商科专业,优化组建新零售专业群,依托与雅戈尔、太平鸟等头部企业的合作,培养新零售人才。一是对接产业发展需求,建立了"懂市场＋善电商＋通物流＋会管理"、德技并修的新零售人才培养标准,并在国家公开平台发布,在新零售领域起到引领作用;二是重构了"平台共享＋模块共

融＋拓展自选"三层递进式课程体系,推动课程结构重组和内容动态更新;三是创建了"基地实操＋公司实战＋园区顶岗"真岗实战的多场域培养路径,改变了学生学习方式,实现了技能学习与新零售岗位工作的有效匹配;四是形成了"多元主体＋多维内容＋多样方式"的全学程评价激励机制,激发了学生内生学习动力,实现了专业技能和职业道德的双重提升。学生在省级以上学科竞赛中获奖200余项,毕业生深受企业欢迎,多名学生成为企业骨干。该成果荣获2022年国家级教学成果奖一等奖,实现了浙江纺织服装职业技术学院在国家教育教学领域最高奖项的历史性突破。

宁波卫生职业技术学院扩大订单班和现代学徒制人才培养覆盖面,在护理类专业、临床类专业与宁波市域内的高水平医疗机构开展现代学徒制人才培养;在老年保健与管理专业群、检验类专业、医美类专业、口腔医学技术、婴幼儿托育服务、言语听觉康复技术专业与企业广泛合作开展订单班人才培养,做好企业课程设计,合理安排教学任务,强化"识岗、融岗、跟岗、顶岗"四进阶育人,强化动态监控的人才培养质量评价,促进学生岗位胜任力提升。截至2022年底,宁波卫生职业技术学院现代学徒制及订单班共培养人数783人,有90%的专业实现了校企协作的订单班或现代学徒制人才培养。

宁波职业技术学院机电工程学院创新人才培养模式,实施"海天集团高技能人才储备班"项目,招生对象为符合海天集团用工基本要求的未进入全日制高校的高中毕业生,以"1.5+1.5""学历+技能""新型学徒制"为培养模式。第1、2、3学期,针对专业基础课程,学生在校内学习专业知识,由校企"双导师"团队开展"理实一体化"教学,完成专业知识"筑基"。第4学期,学生在海天塑机集团海天蓝金领人才工厂内学习实践,由企业教学团队开展项目制教学(岗位培训),完成项目"试炼"。第5、6学期,学生在海天塑机集团生产岗位进行岗位实践,由岗位导师开展"导师带徒"(岗位实习、毕业设计等),学生在完成企业岗位"实战"后,其技能发展与创新能力得到有效提升。2023年,宁波职业技术学院机电工程学院获技能竞赛、学科竞赛及创新创业类奖项共44项,项目案例入选宁波市第四届教育改革创新典型案例。

07

发展保障

7.1 党建引领

宁波市高职院校坚持以习近平新时代中国特色社会主义思想为指导,深入贯彻落实党的二十大精神、习近平总书记关于教育的重要论述以及省、市党代会精神,深入开展学习贯彻习近平新时代中国特色社会主义思想主题教育,高标准高质量推动党建工作引领高等职业教育高质量发展。

一是党建统领谋新创优。宁波市高职院校全面实施"四个融合"行动,深化"抓院促系、整校建强"工程,推动高校党建提质创优。指导开展党建"双创"建设,促进形成争优创先良好氛围。2023年,宁波高职院校新增培育创建省高校党建示范高校2个,省标杆院系6个,省样板支部7个;新增培育建设省"双带头人"教师党支部书记工作室6个。宁波职业技术学院、宁波卫生职业技术学院2所学校立项省"三全育人"典型学校。宁波职业技术学院创新"三全育人"路径,通过营造"思源"文化育人氛围、创建"一站式"学生社区、打造智慧思政系统等途径,精准实施学生思政教育。浙江药科职业技术大学持续深化学校"1+10+2+N"党建矩阵品牌建设,不断推动学校党建工作提质增效,为学校建设医药特色鲜明的一流职业大学、以职业教育高质量发展有效助力"两个先行"提供坚强组织保证。

二是党建品牌典型示范。宁波市高职院校聚焦党建活动阵地、思想政治工作平台、党性教育基地和服务师生窗口等功能,完善运行机制、保障经费投入、拓宽服务项目、提升服务品质。宁波职业技术学院、宁波幼儿师范高等专科学校 2 所学校入选全省高校示范性党群服务中心创建单位。"'桃李芬芳·康美常青'——'1＋X＋N'校地党建联建模式"等 7 个高职院校党建项目入选全省高校校企地党建联建典型案例。浙江纺织服装职业技术学院积极整合资源，构建"1＋8＋N"党群服务中心，以实体化阵地、常态化服务让师生党员群众感受党建温情、红色温暖。宁波城市职业技术学院加强党建工作品牌培育，实现"一总支一品牌""一支部一特色"，开发"城院堡垒"智慧党建平台，走出了一条数字化党建工作新路。

三是思政教育正向引领。宁波市高职院校积极开展大中小学校思政一体化建设、"知行新说"100 名兼职思政导师进高校等重点项目，深入推进党的二十大精神进教材、进课堂、进头脑，持续提高思政教育实效。宁波卫生职业技术学院牵头联合宁波中学、堇山小学教育集团等，开展宁波市大中小学思政课一体化共同体建设，促进思政课程内涵式提升，打造具有宁波特色的思政课一体化品牌。宁波幼儿师范高等专科学校将思政课堂与社会大课堂融合起来，构建课内实践、课外实践和校外实践"三位一体"的实践教学体系，积极推进落实"大思政课"建设，推动思政课高质量发展。

案例7.1　强化党建引领，促进职业教育高质量发展

浙江工商职业技术学院高质量党建引领学校内生式发展，以党建统领寻求自我突破，通过战略谋划、凝心聚力激发主体动能；通过人才强校、放权强院、分配激励等方式优化资源配置；通过深化做优社会服务、促进学生发展推进整体智治,形成党建引领职业教育办学内生式发展的"工商模式"。

7.2　政策保障

宁波市全面贯彻落实全国职业教育大会和省职业教育大会精神,全面贯彻落实党中央、国务院和省委、省政府关于推动现代职业教育高质量发展的相关文件精神,坚持职业教育类型特色,紧密对接国家战略,立足区域经济社会发展,加快推进宁波职业教育高质量发展。2023年9月,宁波市发布《关于加快推进现代职业教育体系建设改革的实施意见》,计划到2027年全面形成"四全四化"现代职业教育体系。通过推进职普融通、产教融合、科教融汇,加快构建与现代化滨海大都市地位相适应的现代职业教育体系,打造全国一流的现代化职业教育强市,为宁波市"争创市域样板、打造一流城市、跻身第一方阵"提供高素质技术技能人才支撑。

一是推进产教融合试点城市建设。宁波市制定出台《宁波市产教融合专项资金管理办法》,启动2023年宁波市产教融合专项资金申报工作,有效调动了学校与企业主动参与的积极性。启动第一期产教融合"五个一批"建设项目中期检查,开展第二期产教融合"五个一批"项目评选工作。以宁波经济技术开发区为基础、海天塑机为牵头企业、宁波职业技术学院为牵头学校,开展市域产教联合体建设,努力打造兼具人才培养、创新创业、促进产业经济高质量发展功能的市域产教联合体。宁波高等职业学校依托自身办学优势,结合区域经济社会发展,分别牵头成立了行业产教融合共同体。浙江药科职业大学牵头成立现代医药行业产教融合共同体,浙江工商职业技术学院牵头成立全国新一代电子信息技术行业产教融合共同体,宁波城市职业技术学院牵头成立全国城市园林行业产教融合共同体和全国跨境电商行业产教融合共同体,宁波卫生职业技术学院牵头组建全国健康养老行业产教融合共同体,等等。

二是提升职业教育专业服务产业能力。宁波市高职院校组织开发一批与职业能力标准相对接、与国际先进标准接轨的专业教学标准和课程标准。宁波职业技术学院等6所学校的21门课程入选2022年职业教育国家在线精品课程;宁波职业技术学院等6所学校的20种教材入选首批"十四五"职业教育国家规划教材。修订《关于宁波市职业院校社会服务收入奖励分配的实施意见》,启动职业院校社会培训品牌项目培育工作,压实职业学校培训责任,推动职业院校培训升级,提高培训供给能力。2022年,宁波高职院校(含职业本科)开展培训106636人次。浙江纺织服装职业技术学院立足创新高地重要战略支点城市建设的要求,围绕产业变革方向,开展高端培训,成功举办省级高研班3期、市级高研班2期、高级技师班1期,突出了产业的创新性、专业性和应用性。宁波幼儿师范高等专科学校通过健全乡村教师专业发展体系,建设118所乡村教师专业发展基地学校,服务全体乡村教师专业发展,推进乡村教育的现代化,助力城乡教育共富,服务乡村振兴。

案例7.2　聚力实体经济，打造市域产教联合体

　　宁波职业技术学院围绕浙江省"415X"先进制造业集群培育工程、宁波市"361"万千亿级产业集群行动方案，立足宁波经济技术开发区"六促六优"大场景行动，依托宁波经济技术开发区，由海天集团牵头联合市教育局、院校、企业、科研院所等108家单位组建宁波经济技术开发区现代产业产教联合体。该市域产教联合体坚持以教促产、以产助教，深化产教融合、产学合作，充分发挥政府统筹、产业聚合、企业牵引、学校主体作用，集聚资金、技术、人才、政策等要素，建设共性技术服务平台与人才供需信息平台，破解产教融合难点堵点痛点，不断优化产业生态和教育生态，打造"各方资源要素集聚，人才供需匹配紧密，服务发展能力强劲"的产教融合新格局。

7.3　质量保障

　　宁波市加快推进《深化新时代教育评价改革总体方案》落地落实，坚持以教育评价改革牵引教育领域综合改革，健全考核评估体系，将各地职业学校建设、公共实训基地、经费投入、就业质量等职业教育发展工作情况纳入市职业教育综合考核。

　　一是深化高校办学绩效评价改革。宁波市教育局组织召开宁波市高校战略与绩效评价研训会，实施开展宁波市高校办学绩效评价指标修订及评价工作，促进高校进一步聚焦战略发展，推动高等职业教育高质量发展。持续推进浙江省评价改革试点校建设和试点项目建设,在第三批省教育评价改革典型案例评选中,宁波职业技术学院《坚持育人导向,凸显类型特征,强化数智支撑——评价改革引领教师专业发展的实践探索》和浙江工商职业技术学院《"五力"专业综合评价体系建设》两个案例入选。

二是推动高校内部治理体系建设。宁波市高职院校发挥绩效评价对学校的战略意识强化、战略目标引领、战略行动协同作用,把绩效评价融入高校内部治理体系,发挥绩效评价治理功能,推动学校治理现代化。坚持党委领导下的校长负责制,不断完善校内决策议事机制和各级会议议事规则等,通过教代会、提案和信访等工作积极回应师生关切。宁波卫生职业技术学院深化教育评价改革,建立以"任务驱动"为导向,"清单+销号"为抓手的目标责任制考核,校院协同推进学校事业发展;以重大项目全过程管理与绩效评价系统为抓手,加强内部质量保证体系建设。宁波幼儿师范高等专科学校充分发挥绩效评价治理功能,针对二级学院(部门)、重点项目、教师个人等不同层面,建立战略引领下的绩效评价体系,全面推动"五纬一体"考核体系的落地实施。

三是推进高校数字化改革。宁波市高职院校深入贯彻落实教育数字化战略行动,完善数字化管理体系,不断优化高校治理体系和提升治理能力现代化水平。宁波城市职业技术学院遵循"需求导向、自我保证,多元诊断、重在改进"的诊改目标,切实履行人才培养工作质量保证的主体责任,形成学校、专业、课程、教师和学生五个层面的建设整改体系。浙江纺织服装职业技术学院围绕党建统领智治体系、数智化大内控体系和智慧校园新基座建设,推进"741行动计划",形成学校数字化新基建、数字化教学新形态、数智治理新格局、数字应用新生态。

案例7.3 深化数智赋能,驱动数据治理向纵深发展

　　浙江药科职业大学以教育评价数字化改革为引领、教育评价数据应用为导向,将教育评价数字化改革与数据治理有效结合,形成典型案例《教育评价数字化驱动校务数据治理向纵深发展——以浙江药科职业大学为例》。该案例实现了教育治理由单向管理向协同治理转变、教育服务由被动响应向主动服务转变、教学决策由经验驱动向数据驱动转变,在浙江省2023年数字化教育教学改革优秀案例评比中荣获特等奖。

7.4 资源保障

　　宁波市重视职业教育投入工作,积极落实新增教育经费向职业教育倾斜要求,健全多渠道筹措职业教育经费的体制,将更多资金用于职业教育的发展。根据财政部、教育部《现代职业教育质量提升计划资金管理办法》等有关政策,发布《关于下达2023年现代职业教育质量提升计划资金预算的通知》(甬财文教〔2023〕575号)等通知,加强资金管理,提高资金使用效益,切实提高职业教育的质量、适应性和吸引力。

08

挑战与应对

8.1　新质生产力加速发展背景下创新产教融合机制面临的挑战与对策

随着宁波经济的快速发展和新质生产力的加速提升,尤其是智能制造、数字经济、绿色化工等重点产业的蓬勃发展,宁波职业教育的创新产教融合机制面临更高层次的挑战。宁波作为"一带一路"重要节点城市和长江经济带的南翼龙头,其职业教育体系在对接区域产业转型升级需求时,面临着教育与产业信息不对称、专业结构调整滞后、产教合作深度不够及企业参与度不足等问题。信息不对称导致教育输出的人才技能与企业实际需求之间存在差距,专业设置的调整速度难以适应宁波特色产业的快速迭代,加之企业对产教融合项目的短期收益考量,限制了其在人才培养上的持续投入,影响了产教融合的深度与实效性。针对宁波区域特色下的产教融合挑战,构建适应性强、针对性高的应对策略尤为关键。

一是应充分发挥政府、行业、高校三方协同作用,建立由市政府引导、职业院校与行业领军企业共同参与的产教融合战略联盟,利用宁波在智慧城市、大数据应用方面的优势,实时监测产业动态,精准对接区域特色产业发展的人才需求,灵活调整专业设置和课程内容,确保教育与产业的无缝对接。

二是深化校企合作模式,创新实施"宁波智能制造学徒计划""绿色化工工学交替项目",让学生在宁波的特色产业一线接受实践训练,提升教育的实用性和针对性,同时促进企业深度参与人才培养,确保人才规格与宁波产业需求的高度契合。

三是构建长效的利益共享与激励机制,政府应出台更多符合宁波产业特色的扶持政策,如税收减免、财政补贴、创新奖励等,激励企业积极投身职业教育,形成长期合作的共赢模式。高校则为企业提供技术研发、员工培训等服务,企业则提供实习实训基地、资金支持及专家讲师资源,共同营造宁波特色的"产学研用"一体化生态,为宁波职业教育创新产教融合机制提供有力支撑。

综上所述,宁波在加快新质生产力发展的同时,通过构建动态适应的产教融合指导机制、深化特色校企合作模式及建立互利共赢的利益共享体系,能够有效应对产教融合的区域挑战,为宁波经济社会发展培养更多具有国际竞争力的高技能人才,推动宁波职业教育与特色产业的深度融合,助力宁波在全球竞争中占据先机。

8.2 区域经济社会发展背景下高层次人才培养面临的挑战与对策

当前,随着宁波经济社会的快速跃升,特别是智能制造、国际贸易与港口物流等特色领域的蓬勃发展,高层次人才培养面临更为独特且紧迫的挑战。这些挑战具体体现在专业人才与宁波特色产业发展需求的精准对接难度增大,教育资源在城乡及不同区域间的配置不均衡,以及在实践中培养创新与应用能力的系统性不足。面对宁波区域特色的高层次人才需求,应采取以下策略。

一是宁波的高等教育机构应当深度融入城市发展大局,紧贴宁波"361"万千亿级产业集群建设等战略规划,动态调整专业设置,着重发展智能制造、绿色石化、数字贸易等领域的交叉学科与复合型专业,确保人才供给与宁波特色产业发展的高度匹配。

二是加大对农村及偏远地区教育的支持力度,利用"互联网＋教育"模式,推动优质教育资源下沉,同时,鼓励校企合作,依托宁波强大的工业基础与开放经济优势,吸引知名企业与高校共建实训基地、研发中心,促进知识学习与实践应用的无缝衔接。

三是为激发学生的创新潜能与解决实际问题的能力,宁波应进一步强化产教融合,通过举办"宁波智创大赛""港城工匠计划"等特色项目,搭建起从理论到实践、从创新到创业的桥梁,培养具有国际视野、熟悉宁波本土文化的高层次创新人才,为宁波持续领跑新一线城市、打造现代化滨海大都市提供强有力的人才支撑。

综上所述,针对宁波经济社会发展的特殊需求,通过精准定位专业设置、均衡优化教育资源、强化实践与创新能力培养等策略,不仅能够有效应对高层次人才培养面临的挑战,还能为宁波的区域特色发展注入持久动力,促进城市与人才的共兴共荣。

8.3 数字化转型背景下宁波职业教育教学改革面临的挑战与对策

在数字化转型的大潮下,宁波市作为经济蓬勃发展的东部沿海城市,其职业教育教学改革面临着一系列挑战,这些挑战与宁波区域特色紧密相关,集中体现在数字化技能供需的不匹配、教学资源与先进技术融合的不足,以及教师队伍在数字化能力上有待提升。宁波作为智能制造、国际贸易和港口服务业的重镇,企业迫切需要拥有云计算、大数据分析、人工智能等前沿技术能力的高技能人才,而职业教育体系在培养这类人才上略显滞后,课程与实训项目急需与产业的数字化需求实现精准对接。同时,尽管数字化教学资源日益丰富,宁波职业教育机构在有效整合这些资源,特别是在利用虚拟仿真、在线学习平台等先进工具提升教学质量和效率方面的实践仍显不足。此外,教师作为教学创新的关键,其自身对于数字工具的掌握及混合式教学方法的运用能力也需要进一步强化,以适应数字化时代的教育要求。

针对上述挑战,宁波职业教育数字化改革之路,需着眼于以下几个方面。

一是优化课程体系,紧密跟踪并响应本地产业数字化转型的需求,增设与智能制造、智慧物流、数字贸易等新兴领域相关的课程,通过深化校企合作,建立实训基地,实现实战与理论的无缝连接。

二是加大技术投入,推动教育技术的现代化,构建智能教室、虚拟实训平台等基础设施,运用大数据分析优化教学资源配置,提升教育体验与效果。

三是实施教师队伍的数字化能力提升计划,通过专业培训、工作坊和国际交流等多元化方式,助力教师掌握最新的数字教育工具,鼓励创新教学模式,比如翻转课堂和在线协作项目,从而整体提升教学质量。

综上,宁波职业教育在数字化转型的背景下,通过精准对接产业需求、深度融合技术与教育资源以及提升教师数字化能力等综合策略,不仅能够有效应对当前挑战,还将为宁波构建智能制造与数字经济高地提供充足的人才储备,助力宁波在数字经济时代持续领跑。

8.4 高水平对外开放背景下提升职业教育国际影响力面临的挑战与对策

在全球化日益加深的背景下,宁波作为中国东部沿海的开放型经济重镇,同时,宁波作为"一带一路"倡议的重要节点城市,其港口经济、国际贸易、智能制造等领域与世界紧密相连,对具有国际视野和跨文化交流能力的高技能人才需求日益增长。这为职业教育的国际化发展提供了广阔舞台,同时也带来了前所未有的挑战。

一是宁波职业教育需要在课程设置上融入国际标准和先进理念,不仅要强化语言能力的培养,还要注重引进国际认证的专业课程,确保学生技能与国际行业需求相匹配。

二是提升教师队伍的国际化程度至关重要,着力提升教师自身的外语能力和海外研修经历,聚焦培养教师的国际教育理念,使其能够采用国际化的教学方法,为学生提供更广阔的国际视角。

三是深化国际合作与交流。宁波高职院校应积极寻求与海外高水平职业院校、跨国企业及国际组织的合作，通过共建实训基地、开展联合培养项目、举办国际技能竞赛等方式，拓宽师生的国际视野，增强实际操作能力和国际竞争力。同时，利用宁波的区位优势，如宁波舟山港的国际枢纽地位，推动职业教育与国际物流、跨境电商等领域的深度融合，形成具有宁波特色的国际化职业教育品牌。

综上所述，在高水平对外开放的大潮中，宁波职业教育通过构建国际化课程体系、提升教师国际化素质、深化国际合作与交流等策略，积极应对挑战，不仅能够为宁波的经济发展输送更多具备国际竞争力的高技能人才，更能在全球舞台上展示宁波职业教育的特色与实力，进一步提升其国际影响力，为宁波乃至中国的对外开放事业贡献力量。

下 篇

宁波市中等职业教育质量年度报告（2023）

09

人才培养

宁波市中等职业教育高质量推进落实立德树人根本任务,坚持五育并举,促进学生全面发展。不断调整优化专业结构,深化三教改革,构建特色育人体系,培养具有新时代职业精神与职业素养的高技能型人才,为宁波市"争创市域样板、打造一流城市、跻身第一方阵"提供高素质技术技能人才支撑。

9.1 立德树人

特色党建带团建,筑牢学生成长根基。宁波市中职学校全面推行党组织领导的校长负责制,各校积极打造一校一党建品牌,始终坚持把党建同教育教学相融合,以党建带团建。全市组织开展"技能成才,强国有我"主题教育系列活动,"职教生心中的二十大""未来工匠"读书活动,"阅读伴我成长"读党报等6项活动,参加学生数达11万余人次。以上活动在增强师生国家认同感的同时,也为学生的成长培根铸魂。余姚市第二职业技术学校通过党员领读,团员分享感受的形式,由校团委组织开展"八八战略在身边"青年读书分享活动。

案例9.1 党建带团建,筑牢学生思想根基

宁波外事学校坚持党建引领学校发展,以党建带团建,开展"高举团旗跟党走"活动。2022学年,宁波外事学校共设4个团总支,46个团支部,2个少先队,充分发挥团校教育功能,开设"怎样

以实际行动争取早日加入中国共青团,为建设社会主义现代化国家而奋斗""如何成为一名合格的共青团员""作为一名青年学生,你的初心和使命是什么"等系列主题团课,各级团组织以"3·5"学雷锋日、清明节、国庆节、党的二十大召开、杭州亚运会等重大节日为契机,开展"职教生心中的二十大——技能成长 强国有我""网上祭英烈""向国旗敬礼"等各类形式的主题教育活动,深入推进爱国主义教育和社会主义核心价值体系教育。

宁波市古林职业高级中学聚焦职业适应性培养,以党建引领为特色,通过党建带团建,全方位打造学生"成长会客厅"党建育人品牌,形成思政大课堂、职业大讲堂、心灵成长院、文娱新天地4个主题模块,邀请劳模、专家、大师、家长、学长进校园,传播"真、善、美",在学生成长的不同阶段提高学生的心理调适能力,与学长、大师面对面近距离交流,让分享成为常态,在分享中收获外在力量,生成内在能量,促进自我提升。在协同育人的视角下发展基于职业适应性培养的活动载体,筑牢学生成长思想根基,助力学生顺利成人成才。

大思政体系建设,引领学生发展。宁波市教育局出台《宁波市教育系统培育和践行社会主义核心价值观落细落小落实实施意见》,进一步将培育和践行社会主义核心价值观融入课堂教学、校园文化和实践活动。各中职学校针对学生,深入开展爱国主义教育、文明礼仪教育、人格教育和职业素养教育。打造"一校一策"德育品牌,充分挖掘本土德育资源,全面推进大思政体系建设,深化校企家社多方位协同育人机制。加强德育队伍建设,建立全市职业院校德育与思政工作专家库,完成全市23个中职班主任成长工作室现场认定,组建全市中职班主任工作室共同体。组织开展宁波市首届中职思政大赛,选拔优秀教师参加2023年全国职业院校技能大赛思想政治教育课程教学能力比赛、2023年全国职业院校技能大赛中等职业学校班主任能力比赛、2023年浙江省中等职业学校职业能力大赛班主任能力比赛、2023年浙江省中等职业学校职业能力大赛思想政治教育课程教学能力比赛、宁波市中等职业学校职业能力大赛首届思想政治教育课程教学能力比赛,参赛教师均获奖。慈溪市周巷职业高级中学教师团队获外语课程思政优秀教学案例全国中职组特等奖第一名。

案例9.2　构建思政育人新路径,全面落实立德树人

宁波经贸学校以习近平新时代中国特色社会主义思想为指导,构建"融—学—行"思政育人新路径。学校通过"强队伍、搭舞台、开路径",全面推进"人人育人、时时育人、处处育人"的育人生态建设,持续深化"三全育人"综合改革,培养"肯奉献、会工作、能发展、懂生活"的新时代中职学生,努力擦亮"厚朴远志"德育品牌,不断推动学校高质量内涵发展。宁波经贸学校"立德铸魂,深化'三全育人'"的思政育人经验被《光明日报》登载。

余姚市教育局职业教育和成人教育研究室(简称余姚市职

成教教研室）举行以"聚焦课程思政，深化三教改革"为主题的2023年余姚市职业学校课堂节活动，有近3000人次的师生参与，推动了教学模式、教学内容、教学评价的改革和育人模式的优化。余姚市职成教教研室积极开展区域课程思政建设，组织"三动"学习（政策促动学习、团队协动学习和个体主动学习）、"三域"实践（课堂实践、企业实践和社会实践）、"三级"赛训（市赛、区赛和校赛）和"三式"研享（讲座培训、论坛研讨和团队研思）的"四策"联动教师研训，提高教师课程思政育人能力。余姚市职成教教研室的相关改革案例获评浙江省典型案例，课题获宁波市职成教课题一等奖，并在省教师发展规划课题中立项。

以德为先，推进全方位协同育人。宁波中等职业教育始终坚持落实立德树人根本任务，提升中职学校"五育并举"育人理念，以德育为先，深化智育，加强体育教育，优化美育教育，创新劳动教育。一年一度的宁波市职业技能大赛项目涵盖五育全类型，开展"新时代新风尚"音美体知识竞赛，举办市直属学校中学生田径运动会及中小学艺术节，参与中职生达8万多人次。在2023年宁波市中小学劳动教育宣传月启动仪式上，10所中职学校被授予宁波市中小学劳动教育职业体验基地称号。宁波外事学校举行2023年"赛赋"五育活动周暨第55届田径运动会（见图9.1）；宁波第二技师学院坚持以"体"育人理念，为学生搭建"各美其美"的展示舞台，打造全国篮球特色学校，获2023浙江省技工院校学生3V3篮球赛冠军;余姚市第二职业技术学校跳绳队登上浙江省首届校园跳绳比赛最高领奖台;宁波市甬江职业高级中学19级服装表演班的学生获评中华职业教育社第三届全国"最美职校生"称号,全国仅30人,该学生是其中唯一的浙江中职生。

图9.1　宁波外事学校2023年五育活动周开幕仪式

案例9.3　五育并举,助推学生全面发展

宁波市鄞州职业高级中学实施"五育并举"五大工程:"德以上引",德培引导学生的方向;"智以固本",智育坚定学生的理想信念;"体以强基",体育造就健康之体魄;"美以提质",美育提升学生的素养;"劳以成材",劳动是创造价值的源泉。培养"予人以爱、予业以诚、予己以信,予国以责"全面发展的鄞职学子。2023年,宁波市鄞州职业高级中学推出"榜样润心,五育并举"活动,设立"雪域骄子""进步之星""优秀寝室""寝室标兵"等荣誉称号,通过身边榜样的力量,激发学生奋力前行。

宁波行知中等职业学校成立"6+1"学生成长中心,多维度赋能学生健康发展。6个中心指的是党群活动中心、创新创业中心、校融媒体中心、心理健康中心、社团活动中心及通识教育中心，1指的是"四颗糖"德育导师工作室。以党建为引领，深化课程思政教育，提升学生政治素养；进行实践探索，帮助中职生获得成就感，开展职业生涯教育；讲好职教故事，提升学生自信品质；开展个性化心理辅导，专业赋能学生身心健康发展；充分发挥学生兴趣特长等心理资源，帮助学生自我调节；将"生活教育"理论运用在教育实践中，培养学生生活生存技能；以陶行知先生"四颗糖"的故事命名，遵循"关爱—宽容—信任—激励"的教育启示，深化心育理念学科渗透。"6＋1"心育特色机制案例被《中国教育报》报道。

9.2 专业建设

动态调整，专业结构不断优化。宁波市对标《宁波市加快打造"361"万千亿级产业集群行动方案》，不断健全对接产业、动态调整、自我完善的专业群建设发展机制，构建学校专业自主诊断与教育行政部门督导监测的联动机制，推动形成同市场需求相适应、同产业结构相匹配的专业布局。2023年，宁波市中等职业（技工）学校新设24个中职专业，41个技工专业，共计新设置专业65个，专业更新率达11.8％，专业对接区域产业力度加大。中本一体化培养进一步扩大，新增2所招生校，总招生数达227人（见表9.1），比

2022年提高44.59％。全市五年一贯制培养规模持续扩大,招生9967人,比2022年提高20％以上。职普融通班规模进一步扩大,13所中职学校的33个专业开展职普融通招生,招生1631人,相比2022年增加405人。宁海县高级职业技术学校、慈溪职业高级中学、镇海职教中心学校、宁波建设工程学校"工程测量技术"专业等4所学校的8个专业入选2023年浙江省"区域中高职一体化人才培养改革"项目。宁波市教育局推动高水平学校和专业建设,投入建设资金1.3亿余元,在2023年取得了良好的建设成绩。

表9.1　宁波市2023年中本一体化专业录取情况

序号	学校	录取人数	专业	本科院校	首次招生年份
1	宁波外事学校	40	学前教育	浙江师范大学	2018
2	宁波市职业技术教育中心学校	40	数字媒体技术	浙江科技大学	2018
3	宁波行知中等职业学校	39	计算机网络技术	浙江万里学院	2019
4	宁海县高级职业技术中心学校	29	护理	杭州师范大学	2019
5	宁波经贸学校	40	药学	浙江药科职业大学	2023
6	宁波市鄞州职业教育中心学校	39	数控技术应用	浙江海洋大学	2023

　　对接标准，课程建设提质增效。宁波中等职业教育教研部门积极参与国家课程标准体系建设，持续完善专业课程标准和教学标准体系，注重将企业产业新技术、新工艺、新规范融入课程。研发了22个专业大类66个专业方向的具有区域特色、符合行业要求的专业课程标准；19个专业大类43个专业方向的99个专业81门考试科目的学业水平考试体系（包括4门文化课程＋71门专业核心课程），确保中职学校专业课程教学质量。以精品课程、特色课程和资源库建设为抓手，在课程改革上下功夫，打造线上课程学习智慧平台，建设线上资源库覆盖所有专业和公共基础课。推荐14件精品课程作品参加省在线精品课程遴选，其中8件作品被认定为浙江省职业教育在线精品课程（见表9.2），2件作品获评2022年职业教育国家在线精品课程（见表9.3）。另外，有6件作品获评省技工类精品课程。

表9.2　浙江省职业教育在线精品课程（宁波中职）

序号	学校名称	课程名称
1	余姚市第四职业技术学校	数字媒体技术基础
2	宁海县高级职业技术中心学校	机械基础
3	宁波市北仑职业高级中学	服装CAD
4	慈溪职业高级中学	常用外贸单证制作
5	宁波市职业技术教育中心学校	玩转零件测绘
6	宁波市鄞州职业教育中心学校	走近数控
7	宁波经贸学校	药物学基础
8	宁波市鄞州职业教育中心学校	走近机器人

表9.3 2022年职业教育国家在线精品课程（宁波中职）

序号	课程名称	课程负责人	主要建设单位	主要开课平台
1	数字媒体技术基础	苏东伟	余姚市第四职业技术学校	中国大学MOOC
2	机械基础	顾淑群	宁海县高级职业技术中心学校	爱课程

形成体系，教材质量快速提升。宁波市按照国家标准体系建设要求，持续完善国家统编教材、国家规划教材、市级规划教材以及院校自编教材的三级教材体系建设，建立覆盖市域中职院校全类型教材的质量监督机制，重点把关中高职一体、中高本两种长学制的教材质量，兼顾普职融通、中本一体化教材的适配性选择。支持和鼓励专业带头人、骨干名师编写实验实训教材、特色校本教材及理实一体化教材，与合作企业共同开发新型活页式、工作手册式教材，确保优质教材进课堂。积极申报国家级规划教材。2023年，余姚技师学院陈雅萍老师主编的教材《电工技术基础与技能（第3版）》被浙江省推荐参评全国首批职业教育优质教材，9本教材新申报并被列入首批"十四五"职业教育国家规划教材，合计共有31本教材被列入首批"十四五"职业教育国家规划教材。

数字赋能，教学改革加快推进。宁波中职教育以课堂革命促教学质量提升为理念，以"双高"建设为抓手，以"三新"活动为平台，持续深化三教改革，不断推进数字化改革，助力职教高质量发展。举行职业院校教师数字素养提升研讨会，不断完善数字化管理体系，丰富数字化教学资源，创新数字化人才培养。宁波市职业技术教育中心学校的"数字校园"建设案例入选《浙江省教育领域数字化改革工作动态》,同时学校获评2023年教育部数字校园建设试点校。组织各学校认真梳理改革实践成果,8所中职学校（单位）的11个案例获评宁波市第五届教育改革创新典型案例。14个案例入选2023年浙江省中等职业教育改革典型案例,其中,优秀典型案例10个,典型案例4个,入选案例数量连续5年保持增长,优秀典型案例数连续两年居全省首位（见图9.2）。

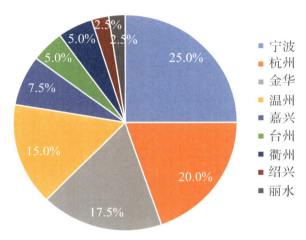

图9.2　2023年全省中等职业教育改革优秀典型案例各地市占比

9.3　技术技能

践行"三一"工程,金牌数量稳居全国第一方阵。宁波坚持"一把手"抓大赛、"一盘棋"抓大赛、"一体化"抓大赛,推进全球、国家、省、市、校五级联动,真抓实干备赛参赛和办赛。组织参加中华人民共和国第二届职业技能大赛,有3个学校7个项目获奖（见

表9.4);组织参加2023年全国职业院校技能大赛获13金26银4铜（见表9.5),获奖率为100％,金牌数位于浙江省第一;组织全市中职学校参加2023年浙江省职业能力大赛获15金27银28铜,获奖数居全省第一;组织参加2023年浙江省中等职业学校职业能力大赛"面向人人"赛项并获得团体总分第一的好成绩,蝉联冠军。

表9.4　2023年第二届全国技能大赛获奖项目（宁波中职）

序号	赛项名称	参赛学校	奖牌
1	建筑金属构造	慈溪技师学院	金牌
2	3D数字游戏艺术	宁波第二技师学院	银牌
3	互联网营销师	宁波第二技师学院	银牌
4	建筑金属构造	慈溪技师学院	铜牌
5	电子技术	慈溪技师学院	优胜奖
6	商品展示技术	宁波第二技师学院	优胜奖
7	西餐烹饪	宁波市古林职业高级中学	优胜奖

表9.5　2023年全国职业院校技能大赛获金牌赛项（宁波中职）

序号	赛项名称	参赛学校
1	通用机电设备安装与调试	慈溪职业高级中学
2	电子商务运营	宁海县高级职业技术中心学校
3	产品数字化设计与开发	宁波市职业技术教育中心学校
4	工程测量（学生）	宁波建设工程学校
5	数字艺术设计	宁波市镇海区职业教育中心学校
6	酒店服务	宁波市北仑职业高级中学
7	现代加工技术	宁波市镇海区职业教育中心学校
8	婴幼儿保育	宁波外事学校
9	汽车维修	宁波市鄞州职业高级中学
10	艺术设计	余姚市第五职业技术学校

续表

序号	赛项名称	参赛学校
11	农机检修	余姚技师学院
12	现代模具制造技术（学生）	宁波市镇海区职业教育中心学校
13	现代模具制造技术（教师）	余姚市职业技术学校

案例9.4　锤炼过硬本领，技能健儿闪耀全国

慈溪技师学院"花火少年"周烽刚开始接触专业时，觉得一切都很陌生。当他第一次走进实操室，他好奇地看着周边的机器设备，电焊机蹦出的火花，剪板机发出的轰轰声，勾起他的好奇心。装配、焊接、调整、矫正、检查、标注，他对待每一道工序都一丝不苟，数据把控方面也精准要求。2023年9月，在中华人民共和国第二届职业技能大赛中，他勇夺建筑金属构造项目第一名，并荣获"全国技术能手"称号。同年12月，他在海峡两岸建筑金属构造项目交流赛中再次夺魁。

宁波市镇海区职业教育中心学校丁子航、季奕润、邬雯静三位选手组成的团队与来自全国64支参赛队同台竞技，最终斩获2023年全国职业院校技能大赛数字艺术设计项目的浙江省首枚金牌。该项比赛注重对选手的创意构思和艺术审美能力、任务需求文档解读能力、技术操作标准与工作规程、团队沟通协作能力等综合岗位素养的考核，以及数字绘画造型、三维建模、效果渲染制作、计算机图形图像处理等岗位核心技能的考核，全面展示选手的良好专业水准和精神风貌。

　　宁波建设工程学校师生在全国技能大赛工程测量赛项上摘金夺银。2023年8月24日,全国职业院校技能大赛中职组工程测量赛项在绍兴市中等专业学校圆满闭幕,宁波建设工程学校的4名学生一举夺得团体一等奖,1名教师夺得二等奖。此次国赛,水准测量场地放置在山上,山路面高低起伏,最低山路面与最高山路面的高差达39米,这是工程测量赛项设项以来难度最高、测站最多、体力消耗最大的一次比赛。宁波建设工程学校坚持以技能竞赛为抓手促学、促教、促改,积极探索"赛教结合"的教学模式,积极推进教师、教材、教法改革,不断创新人才培养模式。

　　孕育新时代人才,创新创业思维彰显宁波特色。宁波中职教育注重学生创新创业思维培养,组织开展创客大赛、科创大赛和创新创业作品展示交流等丰富多彩的校园创新创业实践活动,营造浓厚的创新创业校园氛围。宁波中职学校组织参加第十八届"振兴杯"全国青年职业技能大赛学生组创新创效竞赛,荣获1金2银;跨级参加第九届国际"互联网＋"大学生创新创业大赛荣获1铜,这是浙江省中职学校中的最高成绩;选派134名学生参加2023年浙江省中等职业学校职业能力大赛创新创业赛项;荣获9金10银11铜,金牌率全省第一。宁波中职教研部门举办了宁波市中等职业学校(技工院校)技能大赛技术革新赛道、商业创业赛道、模拟创业赛道和乡村振兴创意策划4个赛项,全市585名学生参与,学生参与面广、影响力大，学生在参与过程中核心素养得到很大提升，进一步提高了中职生的学习信心和兴趣。

案例9.5　竞赛再创佳绩，宁波中职为"双创"升级赋能添力

宁波市奉化区工贸旅游学校2个项目荣获2023年浙江省中等职业学校职业能力大赛一等奖。谢一尘、俞志翔完成"电焊任意调节装夹装置——从'手动挡'到'自动挡'的嬗变"技术革新项目，解决了传统的电焊夹具存在的焊位难调节、技术要求高等难题，每年为企业节省约60.5万元的人力成本，提升利润空间。"'荷'你有约'五感'沉浸式主题餐厅"的团队成员表示："在参赛过程中，通过市场调查、竞品分析、商业模式、团队构建、财务分析、企业管理和风险规避等环节模拟创业实战，我们不仅提升了实践能力、表达能力、沟通能力，也为未来开展创业活动做好了思想准备和创业能力的储备。"

宁波外事学校勇夺"振兴杯"金奖。"前后历经一年半，我们从校级选拔、宁波市赛再到省赛、国赛，一路比拼，过程虽然艰辛，但也有许多收获。"斩获国赛大奖凯旋的宁波外事学校21学前2班的3名学生在接受采访时不禁发出感慨。她们口中所提的比赛正是日前在郑州举行的第十八届"振兴杯"全国青年职业技能大赛学生组创新创效竞赛全国决赛。在指导老师的带领下，3位选手不惧挑战、力战群雄，凭借作品《国学传影》勇夺中职组创意设计类全国金奖。

9.4 就业升学

专业设置对接产业，毕业生总数稳步增加。2023年，宁波市中等职业学校毕业生总数为23039人，就业人数（含升学）为22825人，就业率为99.07%。较2022年增加1733人，就业人数增加1904人，就业率上升0.88%。其中，财经商贸大类毕业生数为5649人，占比24.52%；装备制造大类毕业生数为3889人，占比16.88%；电子与信息大类、交通运输大类毕业生超过2000人，教育与体育大类、文化艺术大类、旅游大类、土木建筑大类毕业生均超过1000人（见图9.3）。

图9.3　2023年中等职业学校各专业大类毕业生数

"两访三进"重点推进，就业趋势基本稳定。2023年5月，在宁波市职业教育活动月上重点布置"两访三进"系列活动，中职校长走访企业784次,师生访岗位人数9252人次,邀请109名市级以上工匠走进课堂,73所中小学的14633名学生前往中职学校参与职业启蒙体验活动,并举办了职业教育各类活动77场。2023年,宁波市有4079名中职学校毕业生直接就业,第一产业占比为2.3%,第二产业占比为20.57%,第三产业占比为77.13%(见图9.4)。就业比例较2022年第一产业上升了1.08%,2022年第二产业上升了0.29%,2022年第三产业下降了1.21%,二、三产业仍为宁波市中职学生就业的主要领域。在毕业生去向方面,进入国家机关、事业单位的毕业生数占比为4.98%,进入民营企业的毕业生数占比为37.19%,通过其他方式就业的毕业生数占比为57.83%。2023年留甬就业的毕业生数占比为64.65%,异地就业的毕业生数占比为35.33%,境外就业的毕业生仅有1人。与2022年相比,留甬就业比例略有降低,异地就业比例略有提升,境外就业比例变化不大。

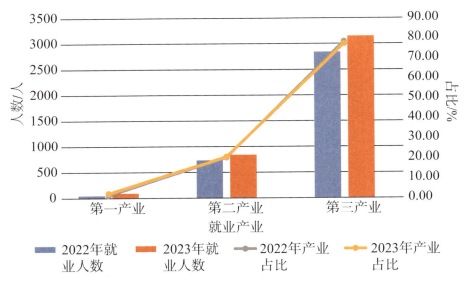

图9.4 2023年宁波中等职业学校毕业生直接就业相关产业分布

案例9.6 "访企拓岗"在行动,学生毕业有出路

宁波市四明职业高级中学拟与三龙电气合作开办电气大类专业的冠名班。校企双方将在教学、实习、就业上进行校企深度合作,旨在培养该大类专业高技术人员。学生符合相关毕业要求后,可直接到三龙电气就业。刘校长表示,"中职＋企业＋高校"三方合作,让四明职高学生尽快进入职业人才成长的"第二赛道"。据悉,宁波三龙电气有限公司从一个村办小厂开始,发展到至今占地面积2万平方米、资产超千万元的企业,成为我国生产成套电气结构件的基地之一。

慈溪职业高级中学开展高一学生访企活动。12月7日,2023级五年机电、2023级五年模具两个班级同学在班主任及部分任课老师的带领下,前往宁波中大力德智能传动有限公司、慈溪慈兴集团有限公司进行访企活动。活动中,全国劳模万亚勇为同学们讲解专业知识,并用自己求学的经历鼓励同学们珍惜当下时光,努力钻研技能,提升自身修养。

职普融通多元办学,升学通道持续畅通。宁波推进职普融通育人模式改革试点已满10年,2023年共招收职普融通学生1631人,较2022年增加370人,中职学校与姜山中学、李惠利中学、五乡中学等多所普通高中合作办学,学生成长途径进一步扩展。2023年中本一体化培养范围进一步扩大,新增宁波市鄞州职业教育中心学校、宁波经贸学校两所招生校,招生数达309人,较2022年提高50%以上。2023年全市中职学校升入全日制大学的毕业生为18286人,较2022年增长2511人,占总毕业人数的81.95%,比2022年提高了7.91%。其中升入本科的有1312人,较2022年增加332人。宁波市北仑职业高级中学、宁波市鄞州职业教育中心学校、慈溪职业高级中学、宁波经贸学校4所学校的本科上线人数位居全省前20名,其中服装类专业、商业类专业、外贸类专业录取本科人数全省第一。

案例9.7 职普融通凸显优势,拓宽学生的成才通道

宁波市鄞州职业高级中学融通班的学生,在高一第一学期时按照普高课程上课,通过一学期的学习,若学生的成绩达到普高要求,则将转入普高学习,成为普高学生。2020级经贸普职融通班级有44名学生,在2023年的职教高考中,本科升学率达47.73%。鄞州职高教学副校长李豪杰介绍,针对文化课成绩较好、希望升入本科院校的学生,学校优化职普融通专业布局,与当地普高合作,举办了"汽车运用与维修""增材制造技术应用""商务助理""国际商务"4个普职融通班,打通普职融通渠道,畅通学生的升学通道。

宁波经贸学校在2023年度共有财经商贸类和中药方向6个职普融通班,分别与李惠利中学和姜山中学合作。近5年来,经贸学校职普融通班本科率超过35%,更有37名学生以各专业全

省前30名的优异成绩被宁波大学、浙江工商大学等优质本科院校录取。在刚刚出炉的高职考结果中,学校这一届职普融通班本科率达36%(包含融通进普高的学生),其中周凯同学在财会类专业中位列全省第3,张曼璐同学在文秘类专业中位列全省第4,更有多人跻身全省前50,顺利实现自己的本科梦。

案例9.8　中职生的"逆袭",圆梦"985"博士

宁波市职业技术教育中心学校2013级学生朱晨于2023年进入同济大学机械与能源工程学院就读博士。10年光阴转瞬即逝,从职高生走到"985"博士,他庆幸自己选对了一条适合自己的圆梦之路。宁波市鄞州职业教育中心学校2013届毕业生吴中安的本科考到了浙江万里学院,专业是物流方向,本科毕业后又考了宁波大学的研究生,2023年进入兰州大学草业经济与管理专业就读博士。从一名中职生,到考上"985"大学的博士生,他们用10余年时间完成了逆袭。

10

服务贡献

　　宁波中等职业教育坚持对接产业,育训并举,服务区域经济;面向需求,提升文化,服务乡村振兴;立足当地,情牵西部,服务社会发展。亮出了宁波职业教育金名片,让职业教育在服务区域经济、推进共同富裕中振羽展翅,为宁波打造共同富裕先行市、建设现代化滨海大都市助力。

10.1　服务行业企业

　　人才供给精准化。宁波市中等职业教育立足国家战略,精准对接省市产业发展需求,紧扣宁波市 2023 年国民经济和社会发展计划,在全面提升专业建设水平和人才培养质量的基础上,强化人才供给的区域产业精准度。宁波市经济和信息化局公布的信息[①]显示:2023 年前 11 个月,宁波完成工业投资同比增长 10.8%。其中,数字经济核心产业完成投资额 271.8 亿元,同比增长 47.7%。对比 2023 年宁波中职专业新设、毕业生及校企合作等情况,新设大数据技术应用、智能制造等相关专业 19 个,较 2022 年增长58.33%;输送该领域直接就业学生 570 名,发展合作企业共 151 家。开展"两访三进"系列活动,中职校长走访企业 784 次,师生访岗位人数 9252 人次。

---

① http://jxj.ningbo.gov.cn/art/2023/12/26/art_1229561617_58938535.html。

案例10.1 紧跟区域经济需求,做好人才培育工作

宁波市镇海区职业教育中心学校把临港工业类作为重点专业发展,学校与宁波舟山港集团股份有限公司联合开展"订单式"人才培养,组建定向班,培养现代港口机械操作和维修专门人才,让学生们成了"香饽饽",更有效解决了舟山港港口缺人的窘境。《浙江日报》点赞宁波市镇海区职业教育中心学校对接镇海区临港大工业的办学特色,让"建设一所学校,支撑一个园区;办好一个专业,支撑一片产业"在宁波成为现实。

宁海县高级职业技术中心学校地处宁海梅桥工业园区,该校依托宁海的传统支柱模具产业,基于"扎根园区、融入园区、服务中小微"的技术服务思路,充分利用"模具产教综合实践基地",与方正模具、第一注塑、中乌合作弗兰采维奇材料研究中心等园区龙头模具企业和科研机构合作,成立"宁海模具中小微企业技术服务五中心"(模流分析技术服务中心、3D打印技术服务中心、模具检测技术服务中心、模具表面处理技术服务中心、模具设计技术服务中心),仅2023年就为27家模具中小微企业提供93次服务。

余姚市职业技术学校改变中高职一体化人才培养模式,构建"2.5+1.5+1"校院企协同育人的长学制人才培养模式,2.5年在学校学习中职阶段课程和基本技能,并完成中职毕业设计,1.5年在高职院校学习高职阶段的课程和技能,最后1年在企业产业学院进行项目研修和顶岗实习。这一模式深化了中职、高职、产

业紧密互动的产教融合新模式,有助于提高中高职一体化毕业生在余姚当地的就业率,为区域经济发展培养实用、能用、毕业就能上手的本土化高素质产业工人。

社会培训高质化。《宁波市2023年国民经济和社会发展计划》中提到:实施"一人一技"终身职业技能培训。围绕该要求,宁波压实中等职业学校培训责任,开展月进度通报机制和专项督查,推动职业院校培训升级,建设"提低扩中"培训供给体系,建设宁波市职业技能培训港,鼓励职业学校开展补贴性培训和市场化社会培训。宁波印发《宁波市直属中等职业学校内涵发展年度考核办法》,把职业学校开展面向以产业工人为主的社会各类人员的技能培训列入绩效考核。2023年度,中职学校完成32学时以上培训202544人次,任务完成率为188.13%,位居全省第一,其中面向数字经济、智能制造、先进制造业等的现代技术培训14193人次,农业类培训2512人次。实施"互联网+职业技能培训计划",架起空中"云课堂",实现"人人皆学、时时能学、处处可学"。

案例10.2 立足区域发展,制定培训项目

象山港高级技工学校和省(市)农业农村厅(局)合作开展渔业船员培训。主要开展渔业船员专项技能培训和职务船员培训,2023年,渔业职务船员培训量为2256人次,其中一级职务船员92人次,二级职务船员1246人次,三级职务船员192人次,助理级职务船员457人次,机驾长169人次,普通船员4127人次。象山港高级技工学校与行业合作积极开展涉海职业资格培训,与中国宁波船级社合作拟开展中国船级社(CCS)焊工培训,与宁波渔船渔机渔具行业协会合作拟开展渔船焊工培训。

宁波东钱湖旅游学校"校政"合作开启定制培训课程。2023年4月7日,"宁波东钱湖旅游学校与宁波市公证协会共建'宁波市公证服务礼仪培训基地'揭牌暨'培训战略合作'签字仪式"举行。宁波东钱湖旅游学校与宁波市司法局公共法律服务管理处签订《培训战略合作协议书》。该校特聘专家、宁波大学教授孔伟英,教育部核心能力高级礼仪讲师、奥运会礼仪培训导师米涵希等高校和行业专家出席活动并在后续工作中给予指导。仪式后,专家团队与宁波市公证协会下属各县市区公证协会负责人还共同开展了"宁波市公证服务礼仪培训"项目研讨,便于有针对性地开展培训。2023年9月起,定制的培训项目有序开展。

助力企业实战化。为推动职业学校专业与产业结构精准匹配,助力企业解决技术、项目难题,宁波组织百名教师脱产进企业实践一个月。教师企业实践涉及装备制造、信息、财经商贸、旅游等15个专业,完成建筑现场施工实践、仓储作业管理与自动导引车现场运维、智慧农业项目研发等11个项目。其中,9名智能制造专业教师承担的低成本简易自动化研发项目为方太集团带来45.8万元的年化收益,该项目得到《中国教育报》《浙江日报》《现代金报》

等媒体的关注报道。除了统一组织,各校也通过各种形式发挥专业特长,主动协助解决当地小微企业生产中的技术难题和瓶颈,帮助企业改良小工具、改造小工序、改进小工艺,促进科技成果转化。

案例10.3　立足特长专业,助力企业发展

宁波市北仑职业高级中学借助宁波市劳模工匠创新工作室和浃江创新实验室资源,建立技术攻关服务队,补齐小微企业技术短板。2023年,宁波市北仑职业高级中学组织开展各类技术服务22项,帮助北仑继续液压、宁波卓尔液压、北仑精工机械、大碶立跃机械、精毅模具等小微企业解决配油盘侧孔加工、圆柱凸轮螺旋槽加工、止摆器工装夹具、成形车刀设计与制作等生产技术难题13项,深受企业好评。技术攻关队2021—2023年获得"一种门框内壁的自动清理装置""一种矿泉水桶回收运输装置及其使用方法"等9项专利。同时,对技术服务中典型的技术改进和研发成果,进行了系统梳理和提炼,并发表在《机械制造》《机械工程师》《机械管理开发》等杂志。

慈溪技师学院以技术服务方太集团70余个自动化技改项目。慈溪技师学院与方太集团电器一厂合作开设自动化研修班,由机械和电气技师班的10名学生和4名专业教师组成的研修团队全程进驻方太,与车间工程师、一线操作员工一起,共同推进方太电器一厂70余个自动化技改项目(见图10.1)。研修团队共完成了产品自动盖章、氩弧焊夹具安定化改善、蝶翼板挂钩防呆改善气动检测装置、X型机导油板支架铆接优化工装等6个项目的研修工作,产品自动盖章和蝶翼板挂钩防呆改善气动检测装置已投入生产应用,为企业带来近百万的经济效益。

图10.1　慈溪技师学院学生参与企业技术研发

10.2　服务乡村振兴

服务产业振兴。作为"打造现代职教体系的宁波样板"的重要一环,宁波中等职业教育在促进区域协同发展上积极行动。将村校共建作为宁波中等职业教育振兴乡村的重要形式,搭建起了职业教育专业服务乡村的桥梁,推动组建乡村振兴学院,健全乡村振兴本土化人才培育服务体系,打造50个"一村一品"产业振兴试点项目。各职业、技工学校依托专业优势,主动对接产业发展,精准化培养更多适应本地经济发展的实用型人才,为乡村经济的可持续发展提供智力和技术支撑。宁波东钱湖旅游学校开展校村共建,邀请行业专家、学者为新农村建设规划新思路,研发旅游项目;宁波市奉化区职业教育中心学校参与奉化区方桥街道上三村村史文化、廉政文化提炼,共同制定文旅产业发展规划;宁波市四明职业高级中学与宁海县西店镇成人学校联合成立"成校+职校"职成协同共育平台,确定西店镇岭口村为宁波市职成协同服务乡村振兴实践基地,同时聘请四明职高园林园艺专业的老师、校企合作单位宁波市五龙潭茶业有限公司执行董事为驻村导师。

案例10.4 科技强农,网销助农

宁海县高级职业技术中心学校制造机器助农,助力乡村。该校依照省农业"机器换人"高质量发展先行县建设指引,创新"366"及"3+X"乡村发展理念,扎实推进科技强农、机械强农"农业双强"行动。宁海县高级职业技术中心学校机械专业教师带领学生实地考察,研究出土豆筛选机,解决了农民土豆筛选费人力、耗时间而导致的销售难问题,并在此基础上升级改造,发明集多种农作物筛选功能于一体的机器。农民只需买一台机器就能满足生产需求,可以节约占地面积,实现果蔬分拣自动化,极大吸引农民的关注,实现"匠心助农"。

余姚市第五职业技术学校发挥电商优势,助力乡村振兴。为了助力五马工业村农民更好地利用电商平台,提高农产品的附加值,余姚市第五职业技术学校兰溪工作室积极开展助农都

扶工作,助力五马工业村农村电商发展。2023年9月19日,与五马村共建乡村共富实践教学基地。工作室的志愿者们在对五马工业村进行了详细的调研,了解了当地的农产品种类、产量以及销售情况的基础上,利用互联网技术,帮助农民们建立了自己的电商平台,让农民直接将自己的农产品销售给全国各地的消费者。

服务人才振兴。宁波中等职业教育认真落实《关于全面推进乡村振兴加快农业农村现代化的意见》,持续推进"职成协同服务乡村振兴"项目(4个试点乡村建设正按计划有序进行)。本着"乡村振兴,教育先行"理念,以培训为抓手,助力培养高素质、会经营、懂技术、有文化的新型职业农民,2023年培育农创客1万名以上,培训高素质农民和农村实用人才3万人次,为推动现代农业发展、全面实现乡村振兴添薪续力,为进一步拓展全域和美乡村格局赋能,为宁波市打响"乡村振兴看宁波、未来乡村在宁波"品牌助力。慈溪技师学院充分挖掘学校资源,大力开展园林植物生产、盆景制作等专业技能培训,提升乡村工匠专业技能和职业素质。宁海县第一职业中学与宁海县农业农村局等部门联合举办新型职业农民渔业专题培训。余姚市第四职业技术学校与朗霞成校合作开展新型农民培训,帮助73位农民获得电子商务师中级工证书,提高了农民的电商技能和营销能力。

案例10.5 送知识、送技术，职业教育惠农有方

宁波市四明职业高级中学送苗下乡助农惠农。四明职高省高水平专业园艺技术专业开展蔬菜嫁接送苗下乡活动，为姜山阳府兴村和姜山茅山村的农民提供技术服务支持，将西瓜、黄瓜、茄子等蔬菜的嫁接苗赠送给当地农民种植，建立帮扶合作的长效机制，推进产学研深度融合，让乡村振兴在实践中与梦想擦出火花。此外，专业实践和志愿服务双轮驱动。为了使农民更好地掌握嫁接技术，园艺技术专业老师进行了现场讲解和演示。宁波市四明职业高级中学一直关注农村发展问题，坚持技术服务与实践相结合，为农民提供更加全面、专业的技术支持和帮助。

慈溪市锦堂高级职业中学以锦堂村成立"袋鼠绣娘"团队为契机，充分发挥职业学校教育资源和培训平台作用，按照"立足校园，面向乡村，影响周边，辐射全市"的总体思路，充分发挥学校的专业特长，借助学校服装团队的芭比娃娃制作技术，与"袋鼠绣娘"深度合作，成功开设服装样板制作、娃衣成衣制作、服饰品的搭配等课程，协同搭建校企平台，构建"袋鼠绣娘""产—销—营"的基础框架。截至2023年底，共有成员45人，绣娘学员20人，活动参与累计超过500人次。从2023年起，"绣娘"辐射范围由锦堂村扩展至整个观海卫镇，其中也包括70岁以上的老年人及残障人士，为家庭打开了一个认识和提升自我价值的新窗口。

宁波市镇海区职业教育中心学校的实践案例上榜"全球减贫案例"名单。宁波市镇海区职业教育中心学校立足本校专业优势，聚焦制造业转型浪潮下中年女性的生存困境，着力打造"有点蓝·乡村创业孵化器"（简称"有点蓝"项目），向待业女性传授蓝染与刺绣工艺，通过手工艺技能培训，建立"块状联动—条状帮扶—点状补充"的手工艺人培育链，扶助镇海中年失业群体创新创业，改善生活质量，帮助她们摆脱生存困境。"有点蓝"项目组目前已开发了4个系列的作品，36课时"技能进阶类"线下课程，26课时"兴趣普及类"线上课程，全网浏览量超过10万次，直接服务达1200余人次。该实践案例获2022年度宁波市教育改革创新典型案例，在"第四届全球减贫案例征集活动"中获评最佳减贫案例奖，并出现在全球减贫研讨会暨颁奖典礼上。

服务文化振兴。文化是乡村振兴的内生动力，也是乡村振兴深层次发展的精神底蕴。2023年，宁波中职学校融合地方文化，在文化振兴上积极行动，助力乡村营造良好的乡风、民风，提升乡村文化建设的品质。宁波中职学校立足区域，开展地方历史文化、优秀传统文化、红色革命文化、特色民俗民风等梳理和研究工作，通过乡村文化场所建设、村容村貌文化融入、文化体验路线设计、策划主题文化活动等，发展"一村一品"文化特色。宁波经贸学校电商专业以走马塘白酒包装设计和推广等工作为突破口，抓住中国进士第一村这个元素和亮点设计制作米酒标志，推广当地酒文化。

案例10.6 文化建设,让乡村焕发生机

宁波东钱湖旅游学校深入挖掘宋韵文化、茶文化、健康文化特质,以文化建设助力乡村振兴。设计诗画南宋宰相第一村及"小八达岭"宋茶楼;建立宋韵文化德育基地,以宋韵文化精神赋能德育;走进乡村宣传推广宋韵文创……该校于2022年牵头成立了宋韵文化研究院,通过多种形式挖掘和传承宋韵文化。宁波东钱湖旅游学校还尝试把宋韵文化与教育教学深度融合,围绕宋代诗词、瓷器、服饰等开设系列课程,学生可通过选修课、校园活动、志愿服务等多种方式体验和感悟宋韵文化。

宁波市职业技术教育中心学校与村企合力打造共富联盟。2023年11月,陆上乡村"新"风景·乡村微视频创作大赛暨校乡微小企业共富联盟揭幕授牌仪式在余姚市陆埠镇五马村举行。该联盟是基于"资源共享、优势互补、注重时效"的原则,搭建的一个校村企乡村振兴共赢平台,旨在提供教育、文化、就业等各项公共服务。当天,宁波市职业技术教育中心学校师生前往陆埠镇兰山村、五马村取景拍摄,剪辑成微视频,展现乡村发展的新风貌和地方特色。宁波市职业技术教育中心学校还与五马村的微小企业代表签订了联盟发展协议,并向村企代表授予联盟牌匾。

10.3 服务市民学习

学习型社会建设多维赋力。服务终身学习,开展满足市民文化知识水平提升和技能提高需求的继续教育服务,不断提升普惠性人力资本服务能力,顺利完成门户功能开发一期工程,上线试运行。2023年全市所有中职学校、75所成人学校入驻平台,276个培训课程免费向公众开放。服务职业拓展,依托职业体验中心,面向社会人员、中小学生开展生涯规划、职场情景体验等服务,2023年各中职学校举办职业教育知识和体验活动77场,接收73所中小学14633名学生参与职业启蒙体验活动。服务"双减"政策,开设实践类项目课程,共有4所中等职业学校成为中小学研学实践基地(见表10.1)。

表10.1 宁波职业学校中小学研学实践基地

序号	基地名词	基地所属单位
1	宁波市甬江职高非遗传承和职业体验研学实践教育基地	宁波市甬江职业高级中学
2	宁波学生职业体验拓展中心	宁波经贸学校
3	"研传统医药,习生活美学"东旅研学基地	宁波东钱湖旅游学校
4	宁波市锦堂实业创新研学实践基地	慈溪市锦堂高级职业中学

10.4　服务协同发展

省内一体化发展有效推进。宁波市认真落实省委、省政府《唱好杭州、宁波"双城记"五年行动计划》文件精神,加强杭甬两地中职教师深入交流合作,加强顶层设计,推动两地职业教育开放协作,实现职业教育高质量共同发展。谱好"甬舟"曲,在甬舟合作的4年多时间里,职业教育领域工作扎实推进。2023年,甬舟各职业学校上报合作教研活动10次;技能赛场上,宁波搭台,两地师生同台竞技。搭好"山海"桥,宁波—丽水、宁波—衢州"山海协作"聚焦山区群众急难愁盼问题,在职业教育领域充分发挥各自资源优势,在山与海之间造就了一条双向互动、合作共赢的发展之路。2023年12月5日,宁波市教育局党委书记、局长毛才盛带领考察组到丽水市职业高级中学考察。

东西部对口支援谱写新篇章。宁波通过"学校对口、专业对应、校企对接"等方式,与凉山州开展教育协作,拓展协作领域,健全协作机制,优化协作方式,着力构建各类校地、校校、校企合作平台,加快形成全方位、多领域职业教育合作格局,开创职业教育优势互补、利益共享、全面长期战略合作的局面。2023年,宁波市中职学校对口招收初中毕业生266人,累计达566人。除了直属学校,各区县招生人数基本持平,且呈逐年增长趋势(见图10.2);结对学校积极开展线下走访交流和线下教研活动。两地携手组建"甬凉职成教联合教研室",开展师徒结对、线上培训、课程研发等项目。凉山州学生在宁波学有所得,学为所用,宁波市鄞州职业教育中心学校凉山州学生在学校技能节上展现了出彩的直播销售技巧,宁波市鄞州职业高级中学协助盐源县职业技术中学师生圆满完成跟岗学习,宁波经贸学校凉山州学生应用所学知识为家长的农牧产品直播代言。

图10.2 宁波市各区(县、市)职业学校接收凉山学生数情况

案例10.7 联合教研 专业帮扶 情牵凉山

甬凉职成教联合教研室成立。2023年12月6日,宁波市职业与成人教育学院和凉山州教科所共同签署《甬凉职成教联合教研室合作协议》,成立甬凉职成教联合教研室。围绕职业教育"技术援凉",以"一室四个共同体"为抓手,利用宁波职业教育在学科专业教研、技能竞赛、教学管理、学术科研等方面的综合优

势,聚焦高素质技术技能人才培养、产教融合、中高职一体化、中职专业技能课程开发等重点任务,开展联合教学研究、课程开发、专业建设等,引导凉山州职校教师更新教育理念,提升课堂教学质量,实现教育共富。

宁海县高级职业技术中心学校以电商助农,情牵凉山。该校与宁海珍鲜、集士驿站等农村电商企业,联合大凉山农特产品项目,打造农产品电商产教融合共同体,成立农产品电商课程开发小组,厘定了农村电商人才职业素养的培养要素,建立了教学标准,制定了人培方案,开发了12本模块化活页式教材和数字化课程资源。基于农村电商人才职业能力形成的规律,宁海县高级职业技术中心学校构建了农产品导向的"项目＋运营＋孵化"一体化课程体系,依托乡村产业办专业,办好专业振兴乡村产业的理念,通过"农产品导向"和"技能导向"相统一、"产品运营逻辑"和"电商教学逻辑"相融合的原则,开发了适合本地农村电商发展的课程体系和教学组织方式,搭建了行之有效的政校企三方平台,培养了高素质、留得住的农村电商人才。

宁波行知中等职业学校的布拖学子"直播带货"为家乡代言。2023年7月24日,宁波市教育局、凉山彝族自治州教育和体育局等联合开展了主题为"我为家乡代言"的电商直播活动,组织宁波市3所学校,通过电商直播销售凉山州的农特产品,推广家乡的旅游景点,助力凉山州乡村振兴。时值彝族传统火把节,位于布拖县电子商务服务中心的一个直播间内,3位学生主播身穿彝族服装,直播台上放满了乌洋芋、金丝皇菊等产品,与直播间的观众们进行热烈交流。他们还不时发起抽奖活动,与线上线下观众互动,直播两小时,在线观看直播2.13万人次,售出的商品金额超3.8万元。通过校企电商项目的"直播带货""短视频带货"等新形式,把凉山的文化和特产传递到全国。

11

文化传承

　　宁波中等职业教育始终肩负文化传承创新的使命,通过构建校园文化基因、深耕传统文化精华,挖掘地域文化内涵,构筑了丰富的文化资源基础和坚实的文化育人基座,为宁波文化产业的蓬勃发展贡献一份力量。

11.1　校园文化建设

　　涵养学校特色工匠文化。宁波市中职学校长期以学生为主体、以校园为空间、以育人为导向,以校园精神、文明建设为主要载体,改变传统的重视技术而忽视职业素养培育的教育模式,聚焦"核心素养",涵养师生精益求精、传承创新、追求极致的匠心文化,培育具有人文情怀、国际视野的精工强匠,为学校的发展注入生机和活力。宁波市鄞州职业教育中心学校注重弘扬"工匠精神",为技能师生发展铺就"匠心大道",鼓励全校师生怀匠心、铸匠魂、守匠情,不断谱写新时代的奋斗之歌。

　　案例11.1　打造匠心文化阵地,彰显校园文化特色

　　慈溪职业高级中学积极构建以"一平米……好习惯"为载体,以"阳光·乐学·精技·仁爱"为脉络的校园文化建设模式,坚持环境育人、活动成人、文化养人,全方位、多层次推动学生成长,形成了育人氛围浓厚、育人载体创新、评价模式创新的特色校园文化。新建了青瓷文化展示区等文化景观,新增护士节"天使之光"活动周、创新节等特色活动,继续推进中高职一体化班级"人文素养"提升工程。利用互联网和大数据采集分析等手段,从环境改善、行为改进、素质提升等方面,构建学生自评,师生共评,家、企、社区参评的动态评价体系。慈溪职业高级中学以文化提升学生综合素养,以文化提升学校办学品质,校园文化建设成果《养成·乐学·仁爱:中职学校"一平米"校园文化建设的探索与实践》获2022年全省中等职业教育改革优秀典型案例。

宁波经贸学校秉承"传专精之技,育博雅之人"的育人理念,以"厚学厚知"探索学生发展路径,以"纯朴厚道"塑造学生质朴品格,以"行稳致远"打造学生行事风格,以"心存远志"助力学生长远发展,逐步构建起"厚朴·远志"校园文化体系,进一步厘清并提炼学校使命、发展愿景、育人目标、价值追求、学校精神等内容,致力于培养"会工作、能发展、肯奉献、懂生活"的经贸学子,践行勇于开拓、忠于诚信、甘于奉献的商帮精神。

宁波市奉化区职业教育中心学校将区域"红帮文化""红帮精神"与职业教育的"工匠精神"相融合,通过在各专业教学区、实训区、生活区塑造典型的红帮文化标识和红帮历史物态群,建设"红帮长廊""红帮学馆""红帮融媒体中心"等文化交流学习平台,构建"红帮学堂"课程群,让学生在潜移默化中内化情感、形成文化共识。

持续浸润校企合作文化。我国职业教育进入提质培优、增值赋能的高质量发展的新阶段,宁波市中职学校将专业文化与企业文化、行业文化充分交融对接,进一步加快学校人才培养和企业科技创新的步伐,更好地促进中职人才培养质量和企业经济效益的提高。宁波市四明职业高级中学通过任务式学习、项目化进修,开展企业专家"请进来"、学生职业体验"走出去",在"访企拓岗"中以实际案例反哺教学,丰富教学经验,使课堂更加贴近企业实际情况,培养出新时代所需要的技能人才。宁波市镇海区职业教育中心学校从2020年开始与企业签约"冠名班",将学校作为"人力资源中心",企业作为"人才实践基地",不仅为学生营造真实的工作氛围,强化学生的职业道德和职业能力,而且增强了学生对企业的归属感,为企业培养了"留得住、用得上"的专业技能人才(见图11.1)。

图11.1 宁波市镇海区职业教育中心学校"冠名班"开展企业实践活动

积极弘扬学生社团文化。全市中职学校注重通过社团的多元化组织和表现形式开展丰富多彩的德育活动,并将技能大赛、文艺汇演、社会实践、志愿服务等项目与学生社团活动有效衔接，积极营造良好的学生社团文化氛围，有效满足学生的个性化成长需求，推进校园素质教育和精神文明建设。宁波第二技师学院以"兴趣驱动·进阶培养·体教融合"为指导，开展以社团为载体的校园篮球特色项目培育与实践，通过建立"1＋3＋5"的社团管理架构及篮球社团课程化管理，以点带面、整体推进，打造校园绿色体育文化生态系统。余姚技师学院秉持"人人有社团、人人入社团、人人爱社团"的发展导向，通过制度、管理、活动、信息的自主化，积极引导社员自主管理社团，为促进社团的可持续性奠定了基础。

案例11.2　绽青春魅力，展社团风采

　　宁波行知中等职业学校校园金钥匙志愿服务社"星芒"磨刀队（简称磨刀队）于2007年应运而生。磨刀队由烹饪专业的师生组成，于每年学雷锋月开展"老行当"进社区、学雷锋志愿服务活动。2007年以来，累计开展磨刀志愿服务百余次，磨（菜、剪）刀5000余把，已坚持了17个年头。磨刀队也将继续立足专业，以社团为起点，敬畏老手艺，为老手艺的活化与传承激发更多新的生命力。同时，磨刀队将继续秉承匠心精神，"守初心，育匠心，献真心"，以雷锋精神为指引，身体力行地传承下去。

　　余姚市职业技术学校"心烛"志愿服务社作为宁波市的优秀社团，现有小分队11支，成员500多人。在2022学年里，由机械类专业组成的小分队积极参与塑博会、浙江八段锦比赛、机器人峰会等市级以上大型展会类志愿服务,同时学前教育和财会专业的小分队主动开展城市环保、文艺下乡、文明交通、社区卫生、走进老年公寓、走进儿童福利院、爱心义卖等各类志愿活动,累计开展活动30多次,参与人数800多人,服务时长200多个小时,为服务余姚区域发展贡献了青春力量。2022学年,余姚市职业技术学校获得了余姚市暑期社会实践先进集体荣誉称号。

11.2　传统文化教育

传统文化渗透专业教学。为进一步推进中华优秀传统文化与专业教学有机融合,全市各中职学校在教学过程中强化技能培训和技术应用的同时,将中华优秀传统文化蕴含在学生的知识体系和思想观念框架之中,并将文化传承制度化、常态化,不断进行大胆创新,让学生了解中华优秀传统文化的思想和精神,增强学生的文化自信和民族认同感。宁波第二技师学院在商品展示和数字游戏的技能实训中,融入中国传统醒狮及古装元素,以现代化的思维、观念、工具、技术、产品等推动传统文化的创新发展。余姚市职业技术学校积极探索中国传统文化在学前教育专业舞蹈课堂中的运用,让学生在诗、乐、舞的实践中,感受中华传统美德和民族精神。

案例11.3　汲取文化精髓，创新教学方法

余姚技师学院的烹饪专业将传统文化融入专业教学，积极开发利用二十四节气文化资源，立足中职学校面点课程教学实践，寻求二十四节气文化传承与学校面点课程教学的理论联系，调研分析二十四节气文化在地方面点课程教学中的融合渗透情况与传承发展状况，探索基于二十四节气创作地方面点的方式方法，并创新设计二十四节气地方面点品种，为二十四节气文化的传承发展提供物质载体，丰富了中华优秀传统文化的传承发展模式。

宁波市甬江职业高级中学茶艺与茶营销专业的学生，将专业技能与社会实践相结合，带领广大市民问茶、赏茶、品茶，切身感受茶文化气息、领略茶文化内涵。集观赏与实用于一体的茶艺展示引得路过的市民纷纷驻足，表演的学生手法自然，烫杯、备水、候汤、投茶等动作行云流水，展示"点茶"文化的古老技艺。宁波市甬江职业高级中学一直坚持"专业＋服务""专业＋文化"模式，将专业知识赋能传统文化，打造丰富多彩的软表达，真切感受中华茶文化的源远流长、博大精深。

传统文化融入德育活动。宁波中职学校注重创新与交流，将优秀传统文化与德育活动相结合，丰富德育工作教育内容，深化文化载体内涵和形式的探索创新，使传统文化在学校中展现新的魅力与价值，切实提升德育工作实效，实现学生全面发展。宁波市四

明职业高级中学兰亭书法社与华裳汉服社联合举办雅集活动,将汉服与书法有机融合,引导学生感受和领悟中国传统文化的魅力(见图11.2)。宁波外事学校依托"开心农场"建设,充分挖掘传统文化中的劳动教育元素,构建了以文明岗、劳动技能选修课为代表的校内劳动,以农事体验、中草药课程为代表的农事劳动,以家务劳动清单、假期德育作业为代表的家务劳动,以爱心义卖、志愿者服务为代表的公益劳动。

图11.2 宁波市四明职业高级中学兰亭书法社与华裳汉服社开展雅集活动

传统文化浸入课程开发。针对中职专业课教材知识性强、缺少趣味性和人文关怀,而文化基础课理论性强、缺少操作性和现实意义的不足,宁波中职院校在校本课程开发中充分关注传统文化的本体,尊重传统文化的多样性,实现传统文化与校本课程之间的有机融合。宁波行知中等职业学校充分挖掘和利用本地的传统文化教育资源,开展"特色文化"课程开发实践,将慈溪乡土文化融入旅游专业,对慈溪地区的乡土文化进行价值辨识,设置民间文学、传统美食、民俗文化等课程,展现乡土文化,宣传慈溪全国文明城市的形象。宁波经贸学校大力开发弘扬传统文化、推动中华文化课程建设,从课程内容、呈现形式、开发途径等方面形成"汉字与文学""音乐与舞蹈""习俗与文化""美食与文化""工艺与美术""历史与风景"六大类课程体系。

11.3　地方文化传承

探索非物质文化遗产传承新路径。在传承和发展非物质文化遗产的过程中,宁波市充分利用中职学校的平台优势,以开放融合办学为突破口,将非遗与工艺产业对接,通过开展跨界融合、数字化传承、多元化呈现等方式,搭建非遗传承保护平台、开展非遗活动、创新非遗传承手段,推动非遗守正创新,助力文化产业发展,努力实现文化传承和职业教育发展互促共赢。余姚市第五职业技术学院开展了为期一学年的"走进姚剧,感受非遗"主题研学活动,美术绘画专业的师生共同走进龙山剧院非遗传承基地,在速写戏剧人物研学活动中体验姚剧的魅力,感受淳朴优美的非物质文化遗产。

案例11.4　深入挖掘非遗资源,推动文化创新发展

宁波市北仑职业高级中学立足区域文化,积极开展非物质文化遗产进校园、进课堂,成立了虎头鞋社、漆画社、舞狮社、剪纸社、水浒名拳社、茶艺社等非遗社团,并于2022年9月正式入

选宁波市非遗传承教育基地。2023年，宁波市北仑职业高级中学与郭巨街道文化站签订"跑马灯"非遗教学合作协议，正式引进"跑马灯"市级非遗项目，并以社团课的形式与郭巨街道文化站通过课程学习、交流、参观、体验等方式，推动非遗传承年轻化、生动化。

宁海县第一职业中学充分利用自身的经验优势和资源优势，以学校重点专业——民族工艺泥金彩漆专业为平台，有计划地组织教师集中对以本区域非物质文化遗产为主的优秀传统文化进行搜集整理、分类提炼工作，并建立非遗资源库，发掘非遗元素与学校发展的结合点，探索非遗资源与课程建设的衔接点。同时组织教师学习课程建设理论知识，开展非遗专题沙龙、主题分享。在课程建设中，以课堂案例为抓手，不断完善非遗校本课程的设置、计划、开发、教材编写、技艺实施、过程评价等内容。

彰显地域文化特色新内涵。为增强地域传统文化认同感和自豪感，宁波中职学校坚持守正创新，立足于地域文化内涵和育人价值，加强区域协同共建课程思政优质资源，塑造丰富浓郁的校园文化氛围，打造独具特色的文化育人品牌，推进传统文化与时代发展高度融合，促使学生增强文化自信，真正实现知行合一。宁波市鄞州职业教育中心学校地处龙舟文化之乡，通过发挥自身的优势和资源，积极传承和弘扬"龙舟竞渡"的体育文化（见图11.3），为地方文化的振兴和发展贡献力量。

图11.3　宁波市鄞州职业教育中心学校举行旱地龙舟比赛

打造红色文化育人新阵地。为进一步弘扬红色文化,拓展育人路径和载体,宁波市中职院校充分挖掘区域红色故事的历史价值、时代元素和精神气质,将身边红色资源打造成独具特色的教育课堂、教育基地,开发沉浸式课堂、创新体验式教学,深耕红色资源、厚植红色底蕴、讲好红色故事,提升红色教育的吸引力和感染力。余姚市第二职业技术学校王国章乡村振兴工作室在横坎头村正式授牌,该工作室将依托横坎头村的红色资源和优势,通过职业教育和培训,为乡村振兴提供人才支持和技术服务,推动农村经济发展和帮助农民增收。宁波市四明职业高级中学凭借浙东四明山抗日根据地特有的红色文化记忆,在学校思政课程、语文课程中充分体现红色革命文化,尤其是学校自主研发的"行走课堂——红色古道大思政课",将红色革命文化潜移默化地渗透在行走的教学过程中,让学生在实践和体验中了解本土革命历史,感悟本土人情风物,传承革命精神,讲好红色故事。

12

境外合作

宁波中等职业教育以习近平总书记关于职业教育国际化的重要指示批示和全国职业教育大会精神为指导,以共建"一带一路"国家职业教育合作发展重点项目建设为抓手,创新职业教育国际化发展体制机制,切实加强国际化技术技能人才培养,努力为打造"国际开放枢纽之都"、加快建设现代化滨海大都市提供有力的人才和技能支撑。

12.1 国际合作交流

大力开展国际合作。宁波市中职学校积极实施学校国际化战略,引进境外的优质教育资源,创新人才培养新模式,提升学校办学水平,为各层次学生提供接受更加多样化、国际化教育的机会和渠道,促进学校中外合作办学发展。宁波第二技师学院依托世界技能大赛 3D 数字游戏集训基地,与美国数字游戏教育联盟(International Alliance for Digital Game Education)合作,在 2023 年共建铂环数字创意产业学院。在第八届中国(宁波)—中东欧国家教育合作交流会议期间,宁波外事学校还与罗马尼亚锡比乌艺术中学签署了合作协议。

积极引进国际标准。加大国际标准跟踪、评估力度,积极引进了德国 HWK、AHK 职业资格认证、英国 IMI 教学与认证体系等具有国际水平的行业、产业相关证书及专业教学标准。截至 2023 年 6 月,共引进 9 种行业、产业相关证书,涉及中职学校 8 所(见表 12.1)。同时,进一步推进我国标准与国际标准接轨,通过国际标准的"本土化"改造,不断适应高水平对外开放的需要,为港城宁波培养更多的国际化复合型技能人才。

表12.1　宁波市中职学校引进相关国际证书和标准情况（截至2023年6月）

名　称	引进学校
德国AHK机电师证	宁波第二技师学院 宁波市北仑职业高级中学
德国AHK模具师证	宁波市北仑职业高级中学
ICDL国际计算机技能证书	宁波经贸学校
澳大利亚TAFE三级证书	宁波外事学校
英国IMI轻型车辆维修一级证书	宁波市职业技术教育中心学校
宁波国际青年厨师挑战赛 （世界厨师联合会认证）	宁波市古林职业高级中学
世界厨师联合会认证厨师证书	宁波市古林职业高级中学
小品盆栽讲师证书	宁波市四明职业高级中学
德国HWK证书	宁波市镇海区职业教育中心学校

案例12.1　积极实施国际化战略,开展国际合作办学

宁波外事学校与法国鲁昂雷伊中学的语言伙伴学校合作项目成功获批,宁波外事学校成为"中外中小学语言伙伴学校"合作项目中的首家浙江省中职学校入选单位。一年来,宁波外事学校和法国鲁昂雷伊中学的师生通过云端学习、实地探访等形式,在语言教学、学生交流、教学资源和文化活动等方面共计开展学习交流活动6次,双方累计参与人数达500人次。宁波外事学校开设的汉文化课程,收获了法国青年的热烈反响。宁波外事学校还向法国的青少年介绍了汉语、国画、中国茶艺、中国特色文化和具有宁波本地特色的文化,推动了中国文化和宁波特色的传播。

宁波东钱湖旅游学校和塞尔维亚赛华国际旅行社,以线上形式签署了合作协议。双方将在人才培养、岗位实践、人文交流等方面开展交流合作。根据合作协议,该校将作为对方的人才孵化基地,建立育人合作基地。对方将为学生提供相应的实习岗位,派遣人员到宁波授课。学生有机会出国实践学习,感受欧洲的教育氛围。此次合作达成是中国—中东欧国家职业教育产教联合的有效成果,进一步拓展了宁波东钱湖旅游学校发展的国际化视野,也为学生成长成才提供了更为广阔的平台。

宁波市四明职业高级中学作为日本小品盆栽协会首个国际团体会员,其积极推动国际化交流与发展,并借此提升学生盆栽技能,提高人才培养质量。2023年5月,宁波市四明职业高级中学邀请日本盆栽协会常务理事平松浩二莅临学校传授技艺。平松浩二先生除了实地授课,每月还开展2—3期小品盆栽视频直播,吸引了众多盆景爱好者和专业人士参与,每期直播收看量均在20000人次以上。据统计,截至2023年底,已经累计开展了36期线下、90期线上的小品盆栽教学活动。

双向交流互动频繁。2023年，宁波中等职业学校与各自国际合作学校在分享教学资源、师生互派互访等方面，开展了多层次、多领域的线上线下国际合作与交流活动。通过这些交流活动，学生丰富了学习经历，拓宽了国际视野，提高了综合素质。交流活动还加强了与结对学校间的相互联系，为进一步互学互鉴、交流与合作等奠定基础，同时也探索了教育在国际交流与合作方面的新内容、新思路、新途径。

案例12.2 师生交流互动频繁，打造全球朋友圈

宁波市甬江职业高级中学积极推进"亚运姐妹学校"特色项目建设，成功入选省级"亚运姐妹校"名单。该校以2023年亚运会为契机，与结对的比利时威索尔中学共同开展"亚运姐妹学校"特色项目建设，双方在人才培养、交流合作等方面开展旨在提升两国学生综合素养、弘扬体育精神的探索和实践。在跨文化交流互鉴中打造新时代青年文化的全球朋友圈，在传承和弘扬亚运精神中传播中国声音，讲好甬江故事。

余姚市第二职业技术学校与北马其顿农业部开展线上交流会。为加强农业科技国际交流，推动智慧农业技术在"一带一路"共建国家中的传播，2023年3月10日下午，余姚市第二职业技术学校、宁波海上丝绸之路研究院、宁波云笈科技有限公司、宁波富金园艺灌溉有限公司与北马其顿共和国农业部举行多方合作线上交流会，共同探讨政府、高校、企业在学术交流、产业合

作、人才培养等领域开展国际交流与合作。北马其顿农业部参会人员对各个项目表示了极大的合作意愿。

国际赛项硕果不断。宁波市积极推动中等职业学校"走出去",组织宁波中等职业学校参加了第八届"中国(宁波)—中东欧国家教育合作交流会""2023'一带一路'暨金砖国家技能发展与技术创新大赛赛项启动会"等国际交流活动;同时,加强职业技能竞技领域的国际合作交流,组织参加了中国—中东欧国家职业技能大赛、金砖国家职业技能大赛等重要国际大赛,拓宽国际视野,提升学校的国际化办学水平(见表12.2)。2023年11月17日,宁波市职业技术教育中心学校作为中方执行承办单位,承办了2023金砖国家技能大赛中国分赛区工业设计技术赛项国际总决赛开幕式,该赛项是近年来宁波举办的规模较大、对标国际赛的职业技能赛事。

表12.2　2022学年宁波中职学校参加国际大赛一等奖获奖情况

时间	赛项名称	学校	奖项
2022年11月	2022年金砖国家职业技能大赛	宁波第二技师学院	一等奖
2022年10月	第六届韩语演讲大赛	宁波外事学校	一等奖
2022年11月	2022年宁波市中德友好诗歌朗诵比赛	宁波外事学校	一等奖

续表

时间	赛项名称	学校	奖项
2023年4月	中国—中东欧国家职业技能大赛（跨境电商直播）	宁波市鄞州职业教育中心学校	一等奖
2023年4月	中国—中东欧国家职业技能大赛（跨境电商直播）	宁波东钱湖旅游学校	一等奖

12.2　服务"一带一路"

构建服务"一带一路"教育合作新格局。宁波中等职业学校积极对接"一带一路"倡议,发挥"一带一路"建设综合试验区优势,努力扩大宁波职业教育"一带一路"朋友圈,着力构建与共建"一带一路"国家和社会组织在人才培养、产教融合、课程开发、赛项组织等方面的全方位、多层次、宽领域、高质量的教育合作新格局,创新探索出了担起政府与院校双向支撑的中国地方城市职业教育服务"一带一路"建设的"宁波实践",努力书写着新丝路的"宁波方案"。宁波市职业技术教育中心学校的"'一带一路'视阈英国IMI人才培养方案本土化设计与实施"汽修项目,因其创新性和实用性,荣获2023年浙江省中小学品牌交流项目案例奖。

案例12.3　服务"一带一路"建设,贡献宁波职教力量
宁波市鄞州职业教育中心学校积极响应"一带一路"倡议,

坚持"走出去"和"引进来"双线发展,力求进一步提升学校对外开放办学水平。2023年11月15日,科特迪瓦共和国教育部、乌干达共和国科技部职业教育师资培训团一行16人莅临学校参观交流。在座谈会上,科特迪瓦共和国教育部督学希亚鲁表示,在宁波访问交流期间,他对中国职业教育有了更深入的了解,希望以此次培训交流为契机,深化两国的友谊,强化交流合作,实现互促互进。

宁波市鄞州职业高级中学多年来为"一带一路"共建国家提供了参观学习、培训、交流的机会。2023年6月,宁波市鄞州职业高级中学迎来了斯里兰卡职业教育研修班14位学员,他们是来自斯里兰卡教育部、职业技术大学、国家学徒和工业培训局及职业培训局等各领域的骨干精英。研修班一行先后参观了学校的实训基地、智创中心等设施。

宁波市奉化区职业教育中心学校、宁波市奉化工贸旅游学校和柬埔寨亚洲中文国际学校,于2023年6月签署了合作协议书,缔结为友好学校。协议就建立中国和柬埔寨教育领域友好学校关系、中柬双方师生互访及长短期学习交流、中柬双方人才联合培养等事宜达成了初步合作意向。协议签订促进了中柬职教在人才培养和技能提升等方面的国际化合作,有利于拓宽奉化区职教的国际视野,提升综合竞争能力。接下来,中柬双方将在职业技能培训、语言学习和文化交流等更多方面开展广泛合作,为"一带一路"建设贡献宁波职教力量。

12.3　港澳合作交流

加强与港澳学校紧密合作。宁波中等职业学校与香港、澳门结对学校通过交流互访、研学等活动,在推进产教协同、人才培养、交流合作等方面进行了积极的探索和实践。2023年6月,"甬港澳教育合作论坛暨数字教育高峰论坛"在香港会展中心举行,宁波市甬江职业高级中学和宁波市鄞州职业教育中心学校分别与澳门广大中学和菜农子弟学校签订了姐妹学校协议。双方将围绕分享教学资源、师生互派互访等方面进一步加强交流,共同培养高层次、复合型的国际化专业人才。

案例12.4　携手港澳学校,开展交流、研学等活动

宁波市甬江职业高级中学与澳门广大中学线上开展"甬澳两地建筑艺术教学分享在线论坛",此次活动邀请了澳门广大中学陈建邦校长、澳门卓越表现教师郑慧兰老师和部分师生参加。论坛上郑慧兰老师与大家分享了"澳门世遗建筑艺术课程一体化进阶式探索"讲座,通过多样综合性材料制作的精美艺术品的分享,展现了澳门同学独具匠心的创作思路。今后两校还将继续以"建筑艺术"为主题创作作品,并进行两校作品巡回展演。

宁波第二技师学院3D数字游戏艺术研学团师生于2023年7月前往香港参加了为期5天的研学活动。研学团师生不仅领略了港岛的风土人情和历史文化底蕴,还在由香港专业教育学院举办的全球游戏创作青少年挑战赛(Game Jam Junior)学生创作营中展示了自己的创作风采。2023年8月27—29日,宁波第二技师学院接待了香港专业教育学院学生进行暑期宁波研学活动。香港研学团参观了宁波第二技师学院的实训教室、市赛基地,并与数字游戏专业师生进行深入交流,还参观了天一阁博物馆了解历史文化,参观亚运会帆船赛事基地感受亚运的激情与活力,领略了宁波作为文化之城的历史韵味以及大港之城的"书藏古今、港通天下"的恢宏气韵。

13

产教融合

宁波市中职学校积极贯彻落实《关于深化现代职业教育体系建设改革的意见》《职业教育产教融合赋能提升行动实施方案（2023—2025年）》等政策文件,持续深化产教融合、校企合作,以项目为抓手,以育人为根本,以师资为支撑,创新合作模式与机制,构建具有宁波特色的职业教育产教融合新生态。

13.1　项目共建

国家产教融合试点城市建设取得新成效。宁波市制定出台《宁波市产教融合专项资金管理办法（甬发改社会〔2023〕270号）》,启动2023年宁波市产教融合专项资金申报工作,设立本科院校、高职院校、中职院校综合奖12项及职业院校单项奖19项,共计奖励2050万元,对12家产教融合型企业给予311万元奖励,有效调动了学校与企业主动参与的积极性。宁波市开展第二期产教融合"五个一批"评选工作,初选现代产业学院13家,产教融合人才培养基地18家,教学改革项目44个,"双师型"或"一体化"教师队伍建设项目20个,产教融合联盟4家。

集聚资源打造产教联合体。全市各中职学校以共建产教融合共同体为契机,在推动各方资源统筹与共享、技术创新与服务、人才交流与培养、学生就业与创业等方面开展产教深度融合和校企合作。宁波市职业技术教育中心学校牵头成立宁波市网络安全产教联合体,共建"产学研创"融合共享平台,推动联合体成员在资源统筹与共享、人才培养与交流、课程开发与建设等方面实现共享共融。宁波东钱湖旅游学校与宁波市跨境电子商务协会共同牵头成立中国（宁波）"文商旅"跨境电商产教融合联盟，将在企业导师进学校、学校老师进企业、学生实践实习、校企共享资源等方面搭建起更加宽广的平台。宁波外事学校牵头整合2所本科学校、3所高职、4所中职、12家宁波市跨境电商龙头企业等政府、行业资源，成立"小语种＋跨境电商"产教联盟，借力高校和行业专家，深度参与学校专业建设、师资培育和资源共建。

校企共建现场工程师学院。宁波市中职学校贯彻落实教育部办公厅等五部门《关于实施职业教育现场工程师专项培养计划的通知》等政策精神，面向数字化、网络化、智能化生产服务一线建设现场工程师学院，政校行企协同培养现场工程师和高素质技术技能人才。宁波市教育局落实资金450万元，推进宁波市职业技术教育中心学校、宁波市鄞州职业教育中心学校、宁波第二技师学院分别参与共建的宁波网络安全工程师学院、宁波装备制造工程师学院、宁波数字智造工程师学院3所5年制工程师学院建设，中职、高职、企业一体化联合培养高水平技术技能人才，2023年工程师学院共招收173名学生。

案例13.1　多维创新、三方协同，共建工程师学院

宁波市职业技术教育中心学校与宁波城市职业技术学院、宁波绿盟网络安全技术有限公司在三方共建宁波市网络安全现场工程师学院，共建"产学研创"融合共享平台，共同探索纵向中高本贯通、横向校企协融通的长学制人才培养模式,致力培养宁波数字城市建设所需的高素质、高层次、高质量网络安全技术技能人才。宁波市职业技术教育中心学校与宁波城市职业技术学院合作开设5年制网络信息安全现场工程师班,由中职教师、高职教师和企业导师协同授课。2021—2023年,网络安全专业学生技能成绩突出,获国家级奖项6次,省级3次,市级20余次。

宁波市鄞州职业教育中心学校与浙江纺织服装职业技术学院、宁波奥克斯空调股份有限公司合作成立宁波市装备制造工程师学院,课程由三方共同设定,日常教学更强调项目化学习和情境式教学,企业深度参与其中,强化学生实操技能。宁波市装备制造工程师学院的主要举措有:一是推进"岗课赛证"融合,将岗位技能证书考核大纲与课程教学大纲衔接,将技能竞赛项目引入专业核心课程,教学以企业真实的项目作为载体,提升学生实践能力;二是积极打造企业级、场景化、共享型学习工场,汇聚行业头部企业资源,共建产教融合平台,将企业级环境引入实践教学条件建设,打造了"云清智慧仿真实训基地"等,有效支撑实训教学和竞赛集训。

宁波第二技师学院与宁波水表集团股份有限公司、宁波中控微电子有限公司、爱柯迪股份有限公司、宁波中策动力机电集团有限公司及浙江工商职业技术学院共建宁波市数字智造工程师学院,在高技能人才培养方案、培养定位、课程体系以及师资等方面协作共进,创新人才培养模式、教学组织形式、考评方式等,助力人才培育与产业实际紧密结合,适应新兴产业发展需求。2023年9月,首批2个工程师学院班级,即2023级精密模具、2023级电气自动化,完成招生并正式开班。两个班以全校最高平均分录取,凸显高层次、高质量人才培养要求。

13.2　人才共育

校企共同开发教学资源。宁波市中职学校坚持以"校企合作,双元育人"为核心,将产业元素融入人才培养全过程,初步形成了校企"人才共育、过程共管、成果共享、责任共担"的合作新格局,在课程建设、教学资源开发、人才培养成本分担机制、保障体系等方面探索形成了各具特色、具有一定引领示范作用的途径和模式。宁海县高级职业技术中心学校与企业共同开发《注塑模具的结构》《机械基础》等4门课程共95个微视频教学资源,共同开发《PBL创意》《生活创意》2门创客活页式教材和《创业我能行》《模具检测测量技术》等4本校本教材。

校企共同实施现代学徒制。宁波市中职学校强化政行企校多元参与现代学徒培养,完善学徒培养的教学文件、管理制度、培养标准,建立健全校企共同招生、共建实训场地、共建教师师傅工作站、共同制定专业课程体系、共同组织教学管理、共同制定考评标准的长效机制,凸显校企双主体育人、育训结合,践行工学结合、知行合一,在岗位上培养人才、成就人才。宁波市鄞州职业教育中心学校与奥克斯集团、山能无人机等企业实施"订单"人才培养,校企双方从资源共享、人才培养、师资互聘、专业建设、科技与社会服务、招生与就业工作、组织成员单位开展各项活动、搭建产业信息交流平台等方面开展深入合作,有效实现了毕业实习与就业零距离对接。

案例13.2　校企共施现代学徒制,满足发展需求

宁波东钱湖旅游学校开展旅游服务与管理专业开展"两校三企",即"一所高职院校＋一所中职学校＋宁波文旅会展集团下属三家公司"中高职一体化现代学徒制人才培养,三方共同制定现代学徒制人才培养方案,贯穿该专业学生5年的学习过程,分阶段、分目标、分责任推进。2023年4月,宁波东钱湖旅游学校航空专业学生前往宁波市国际会议中心开展2个月的教学实践,把课堂搬到企业,由企业导师指导学生进行技能实训。同时,学生还参与第三届中国—中东欧国家博览会的多场洽谈会、论坛的礼宾接待、茶水服务、VIP室迎宾、餐饮接待等志愿服务,向世界展现宁波东钱湖旅游学校学子的良好形象,收获一致好评。

宁波市北仑职业高级中学积极搭建"三主体五阶段"中国特色学徒制区域联合实施平台,打造"互融共生"型育人样板。按照中国特色学徒制运行需要,强化中高职、校企之间的横向协调,探索"企业文化引导、实践体验培养、实训操作与理论相结合"的培养模式。2023年2—6月,2020级机械、旅游专业的70名

学生深入浙江吉润汽车有限公司、宁波石浦豪生大酒店、博地影秀城丽筠酒店开展中国特色学徒制企业模块教学活动,实现专业与企业对接,学生与社会对接,教学与就业对接,有效提升未来工匠的培养质量。宁波市北仑职业高级中学每年为区域企业输送500多名技能人才,专业对口就业率在89.7%以上。值得一提的是,该校93%的学生在本土就业,其中45%的学生服务于区域内的重点企业。宁波市北仑职业高级中学的学子们正逐渐成为区域经济建设的"后备军"。

宁波市甬江职业高级中学酒店管理专业"店中校"项目自2022年9月启动以来,学校与宁波万豪酒店、宁波喜来登、宁波泛太平洋大酒店等企业合作,共设置了9门课程(包含3门素质类课程,2门合规类课程,4门技能类课程),涵盖了前厅、餐饮、客房等学生所在部门的学习内容和服务标准,以及酒店内酒水服务、铺床、毛巾折叠、礼宾服务、水质检测等实操课程,更好地进行实践性教育教学活动,提升学生技能水平,锤炼学生意志品质,服务学生全面发展,取得了良好效果。

校企共建实习实训基地。宁波市积极建设一批与职业技术标准对接的集教学、科研、生产、服务、培训为一体的高水平综合性职业教育实习实训基地,共建设国家级实习实训基地31个,省级实习实训基地3个,切实满足职业教育技术技能人才培养需求。宁波市鄞州职业教育中心学校新投入1000多万元购置和安装教学仪器设备,着力改善校内实训教学条件,不仅新建成校内实训室近10个,还与企业共建校外实习实训基地10余个,成立"五小智创中心",保障了学校所有专业学生的实习实训需求。宁波市职业技术教育中心学校新增共建共享专业实训基地11个,创新试行校企"双班主任制""双导师制",探索校企一体化育人机制。

案例13.3 深化校企双元育人,赋能区域产业发展

宁波市镇海区职业教育中心学校采取政府主导、行业支持、学校为载体的三方互动、资源共享的共建模式,按照"开放性、实用性、先进性、引领性"原则建设的集公共实训、技工教育、技师研修、技能竞赛、技能鉴定功能于一体的综合性、示范性、公益性的区域公共实训基地,打造智能制造(数控、模具、精密测量、机器人、电工电子、传统机械加工)、新能源汽车(汽修、新能源)、产学研中心、职业体验等四大功能区,可用实训面积超3000平方米,已开放数控车工、五轴加工、电工电子、模具等实训室共计16个,可用实训工位550个,年度可容纳实训量超2000人次,切实满足企业职工实训需求,为企业输送高质量的技能人才。

宁波经贸学校积极探索产教融合新模式,整合现有的实训大楼、社团一条街、创业一条街等物理空间,打造"一个产教融合生态圈、三个专业群实践基地、满足人才培养五项功能"的"一圈三地五功能"的创新型、开放型、数智经济型产教融合实践中心,即通过建设智慧物联创新实践基地、医药健康产学研实践基地、财经商贸数智应用基地,满足本校及区域中小学生职业启蒙、专

业实训、生产性实习、社会服务及创新创业需求，形成政行企校"四方联动、五链耦合"的多主体协同育人生态圈，强化区域样本示范效应。

宁波市鄞州职业高级中学与海天塑机集团、北京现代、上汽大众、联通公司宁波分公司等40多家国企、大企业合作，共同制定人才培养方案和教学计划，共同参与学校教学管理，形成了良好的校企合作育人氛围。2023年，宁波市鄞州职业高级中学师生到企业参加研学和顶岗实习活动30余次，企业向学校派遣骨干员工开展讲课、培训112人次。2022级、2023级海天班学生到海天塑机集团总部开展研学活动17次，海天集团向学校派遣骨干员工、中高层管理者来校讲座和培训40余人次，学生们对海天集团的发展历程和发展理念、企业文化、生产经营规模、主要产业、数字装备产业园的发展规划及海天集团的未来发展方向都有了深度的了解。海天集团还每年为每个"海天班"提供5万元奖学金，增强了学生的学习信心，学生的技能和综合素养得到大幅度提升。

创新学生实习实训模式。宁波市中职学校积极贯彻落实《职业学校学生实习管理规定》，规范并加强学生实习实训管理，创新实习实训管理模式，着力提升学生实习实训质量。宁波行知中等职业学校组建"学生岗位实习领导小组""实习实训管理中心"与"岗位实习工作小组"三位一体的实习管理组织，制定"一定位、三报告、三巡查、六返校"的"1336"实习管理模式。宁波市镇海区职业教育中心学校发挥"习讯云"实习管理平台的作用,结合5G移动互联网、云计算、大数据技术,对2020级实习生实现"实习前""实习中""实习后"全过程动态教学管理,开展大数据下学生实习的"线上＋线下"高效管理模式。

13.3　师资共培

教师企业实践提质增效。宁波市中职学校贯彻落实国家和省市新时代教师队伍建设改革的要求,积极推动职业教育名师培养和优秀"双师"团队建设,常态化开展"职业院校企业行""教师下企业锻炼"等活动,推动教师入企实践常态化、制度化、标准化,大力提升"双师型"教师队伍的建设水平。2023年5月,宁波市首批103名中职专业课教师脱产到15个市级校企共建"双师型"教师培养培训基地开展为期1个月的企业实践,涉及全市中职学校装备制造、交通运输、建筑、医药等15个专业,LCIA改善工程师、无人机操作与运用、物联软件研发工程师、AGV管理工程师等19种岗位100个岗位数。教师在岗位实践后,开展实践成果反思固化及教学资源转化,在企业导师和教研员"双导师"指导下,参加一个完整的工作项目并转化完成一个教学项目,学校和企业反响较好。

创新团队建设成为典型。聚焦先进制造业、现代服务业、战略性新兴产业等重点产业领域和社会民生紧缺领域,围绕中职学校专业建设高位发展和专业教学团队内涵提升,通过政、研、校、企多元协同,中高职立体衔接,构建多方参与的"联盟式"中职教师创新团队建设机制,共同打造中职教师成长的"高速路"和中职教师创新团队建设的"宁波样板"。2023年,宁波市中职学校"联盟式"教学创新团队建设获评教育部职业教育教师队伍建设典型案例。宁波市甬江职业高级中学组建以企业行业大师为核心的师资队伍,校企之间教学人员、技术人员双向挂职任职制度基本完善,基于师傅与教师二元教学的试点专业师资队伍基本形成,企业师傅与学生的数量比例为1:6。

案例13.4　校企合作打造"双师"共同体助力师生成长成才

宁波市奉化区职业教育中心学校"奉麓工匠"汽修双师教学团队利用假期融入企业生产一线,在奉化区汽车维修行业龙头企业——宁波市大众汽车服务有限公司内将原有的40平方米发动机大修工作室改造成教学工作室,设立教学区、操作区、讨论区和办公区等功能区域,教学区和生产车间组成了师生在企业工作、学习和科研的"企业学区",依托"企业学区"开展实践活动,提升职业素养、专业实践能力和教学研究能力,形成了一套有效的工作方法和经验。

宁波市古林职业高级中学依托世界技能大赛中国集训基地和宁波市双师型教师培训双基地,借助"国家首批现代学徒制试点"和"教育部第二批示范性职业教育集团培育试点"双项目,深入推进中外、中高职和校企合作,造就了一支由国际大师、高校名师、行业技师、学校能师组成的集"产、学、研、赛、训"为一体的

双师队伍。国际大师在线课、饭店总厨的演示课、甬菜传人导师课、名企老总创业课、企业电商实战课、高校教师展示课的开设，助力学生成长。校企双师共同体为学生高质量发展提供精准教学服务。2023年，宁波市古林职业高级中学的师生成长明显提速，学生在市技能大赛获得10金13银21铜，2名教师成为国家餐饮类教学标准研制组专家，3名师生成为全国技术能手，1名教师被评为市"突出贡献专家"。

14

发展保障

宁波市以经费投入为抓手,加强师资队伍建设,加大政策扶持力度,支持中职教育领域的重点项目建设,持续提升中职学校的办学条件,为加快建设"教育强市"和宁波特色现代职业教育体系、更好地为服务宁波经济社会发展提供坚实的保障。

14.1　经费投入

加大中职教育经费投入力度。一方面,坚持教育优先发展战略,在财政"过紧日子"的情况下,各级财政持续加大中职教育经费投入。持续完善中职学校"生均＋专项"的财政经费支持方式,在原有公用经费标准基础上,适时提高宁波市直属中职学校的生均公用经费标准,积极落实浙江省关于"公办中职院校(技工院校)生均公用经费逐步达到普通高中的2倍以上"的要求,继续保持中职学校较高的生均保障水平。2023年,宁波市中职教育专项经费投入6000万元、"双高计划"经费投入2150万元、转移支付经费投入1500万元。另一方面,在预算收支平衡面临较大压力的情况下,宁波市积极探索地方政府和社会力量支持中职教育发展的投入新机制,不断拓宽中职教育的筹资渠道,通过支持产教融合试点项目、校企共建高标准实训基地等多种形式推动中等职业教育发展。

引导中职教育提质培优。一方面,通过设立专项资金助力中职教育高质量发展。坚持以人为本、能力为重、质量为要、守正创新,重点保障国家和省级中职教育建设项目发展,改善中职学校的办学条件,支持建立健全多形式衔接、多通道成长、可持续发展的职业教育和培训体系。另一方面,加大职业教育专项资金投入,引导内涵建设。2022年宁波市财政重点支持职业教育培训港、世赛基地建设等项目,推动中职教育教学质量内涵提升、区域中高职一体化人才培养改革发展。进一步规范经费使用流程,提升经费使用绩效,推动职业教育提档升级。

14.2　师资保障

教师队伍建设稳中求进。在中职教师队伍建设方面,宁波市坚持以学习为目标、以文化为引领、以制度为保障、以课程为载体,整合中职教师发展资源,组织开展各种教学科研活动,为中职教师队伍建设提供平台和保障。2023年,宁波市中职学校的专任教师数为5313人,师生比为1:13.31。其中硕士及以上教师数为658人,占比12.38%,本科学历教师数为4615人,占比86.86%;正高级职称教师数29人,副高级职称教师数为1964人,共占比37.51%;专业教师数为2832人,占比53.30%;"双师型"教师数为2578人,占专任教师总数的48.52%,占专业教师总数的91.03%。整体来看,中职教师队伍不断壮大,师资结构持续优化,满足了中职学校专业建设和学生培养的需求,并形成了携手并进、共同发展、整体提升、辐射引领的新局面。

教师素养提升成效显著。围绕《宁波市职业院校2021—2025年职业院校教师素质提高计划》,扎实推进多层次中职教师培训项目。一是对接新标准新技能,面向全市机械模具、电子商务、工艺美术等6个专业近240名教师,组织"双师型"教师素质提升培训。二是对接教育教学能力,面向150名优秀教师开展教学科研能力提升专题培训,面向参加国家级、省级教学能力和班主任能力比赛的130名教师开展专题研训。三是对接职业教育提质培优政策,面向80名全市中职学校教学校长和职教教研员,开展中高职一体化课改、教研管理创新等专题培训项目。师资培训推动宁波市中职师资建设水平迈上新台阶,赋能宁波中职教育高质量发展。

14.3　政策落实

推动国家职业教育发展政策落地落实。宁波市认真贯彻落实党中央、国务院和省委、省政府关于推动现代职业教育高质量发展的文件精神,印发了《关于加快推进现代职业教育体系建设改革的实施意见》(甬政办发〔2023〕46号),明确了"全要素统筹、全过程参与、全方位协同、全链式培养＋国际化、数字化"的"四全两化"建设改革思路,将职业教育高质量发展作为提升城市经济发展动力、提高普惠性公共服务水平、助推共同富裕的重大任务,扎实推进职普融通、产教融合、科教融汇,加快构建与现代化滨海大都市地位相适应的现代职业教育体系,着力打造全国一流的现代职业教育强市,对宁波市职业教育体系建设和职业教育高质量发展进行了系统设计和细致谋划。

加大重点领域的职业教育政策供给力度。宁波市加强立法统筹,把修订《宁波市中等职业教育条例》列入现代职业教育体系建设重点任务清单，进一步夯实宁波市中职教育发展的法律保障。将职业教育纳入国民经济发展规划，建立产业规划、职业教育布局规划、人才培养规划同步制定的"三规同步"机制，为进一步强化宁波市中职教育的规划统筹提供制度保障。宁波市教育局、财政局、人力社保局联合印发《关于宁波市职业学校社会服务收入分配的实施意见》（甬教人〔2023〕78号），为推进中职学校薪酬制度改革，完善中职学校绩效激励机制提供了参考，进一步激发宁波市中职学校大力开展校企合作等社会服务的积极性。

15

面临的挑战

宁波中职教育在取得诸多成绩的同时,也面临着一些挑战。在加快构建与现代化滨海大都市地位相适应的现代职业教育体系,打造全国一流职业教育强市的背景下,宁波市职业教育需要在增强吸引力、培养一体化人才、提升职业培训效能等领域做出改变、实现突破。

15.1　中职教育吸引力有待进一步增强

宁波市中职教育处于全国第一方阵,但与普通高中教育相比,中职教育的整体吸引力还有待进一步增强。具体而言,尽管宁波市积极落实"职业学校办学条件达标工程",但中职教育财政性经费投入在同级教育中占比偏小,加上一些中职学校办学基础薄弱,导致中职教育优质资源的供给不够充分,办学条件相对不足且改善较慢。此外,随着现代化滨海大都市的建设步伐不断加快,宁波市群众对子女接受教育的诉求也早已从"有学上"转变为"上好学",但中考分流焦虑仍未有效缓解,群众"上好学"的新期待对宁波市中职教育高质量发展带来的挑战也亟待解决。

15.2　一体化人才培养有待进一步推进

2023年,宁波市新增了4所省级区域一体化人才培养改革中职学校,5年制中高职一体化招生人数也比2022年增加了1655人,但是距离"与区域重点产业相匹配、与一流高职教育相衔接、满足社会需要和人民期待的中职教育"发展目标仍有不小差距,中高职一体化人才培养规模仍有待进一步扩大,以专业为导向的"1所本科＋1所高职(技师学院)＋N所中职(技工学校)"的一体化发展职业教育共同体建设仍有待进一步推进,"3＋2＋2"中高本贯通人才培养试点仍有待进一步深化,学分互认与课程互通机制仍有待进一步探索,职普融通和职技融通人才培养仍有待进一步创新。

15.3 职业培训的效能有待进一步提升

2023年,宁波市中职学校高标准落实学历教育与社会培训并举实施的法定职责,面向全体劳动者特别是重点人群开展大规模、高质量的职业培训,取得了突出的成绩。然而,一方面由于企业员工对获取专业技能等级证书的需求不大、热情不高,且企业对职工考取职业技能等级证书的激励措施不够、企业补贴配套政策执行不到位;另一方面,中职教师受到繁重教学任务的掣肘,难以在职业培训方面投入充足的时间和精力,且中职学校尚未把职业培训置于产学研的闭环系统中统筹考虑,从而降低了职业培训工作效能,亟须进一步提升。